励生涯

（高一）

汪红 主编

重庆昭信教育研究院 组编

中国教育出版传媒集团

高等教育出版社·北京

图书在版编目（CIP）数据

励生涯. 高一 / 汪红主编. -- 北京 : 高等教育出
版社，2024. 9. -- ISBN 978-7-04-062956-9

Ⅰ. G635.5

中国国家版本馆CIP数据核字第20244MX564号

LI SHENGYA（GAOYI）

策划编辑	傅雪林	出版发行	高等教育出版社
责任编辑	王文颖	社　　址	北京市西城区德外大街4号
封面设计	赵　阳　王　琰	邮政编码	100120
版式设计	马　云	印　　刷	北京市艺辉印刷有限公司
责任绘图	杨伟露	开　　本	889mm×1194mm　1/16
责任校对	张　薇	印　　张	9
责任印制	高　峰	字　　数	190千字
		购书热线	010-58581118
本书如有缺页、倒页、脱页等质量问		咨询电话	400-810-0598
题，请到所购图书销售部门联系调换		网　　址	http://www.hep.edu.cn
版权所有　侵权必究			http://www.hep.com.cn
物 料 号　62956-00		网上订购	http://www.hepmall.com.cn
			http://www.hepmall.com
			http://www.hepmall.cn
		版　　次	2024 年 9 月第 1 版
		印　　次	2024 年 9 月第 1 次印刷
		定　　价	25.00元

编委会

CPMG
课程

传承中国精神

唤起生涯觉醒

增强发展力量

书写精彩的高中生涯

亲爱的同学，衷心祝贺你踏入人生的新篇章——高中阶段。有人说，这个阶段是人生发展的关键期；也有人说，这个阶段是生涯发展的探索期；还有人说，这个阶段是人走向成熟、走向智慧的黄金期。在高中阶段，你将面临人生中的一些重要选择，将承担更多、更重的学习任务，建立新的人际关系，思考自己未来的发展。在这个阶段，你不仅要全力以赴地完成学业，还要重视和把握自己生涯发展的机会。

本书是 CPMG 课程的学习资源。CPMG 是选择（choose）、规划（plan）、管理（manage）、成长（grow）的简称。本书以这四个元素为基础，构建了生涯教育的四个模块，建立生涯选择、生涯规划、生涯管理、生涯成长学习单元，指导你从这四个方面进行生涯探索和发展（如下图所示），帮助你在"生涯纵横说"中纵观生涯发展的万千景象；在"生涯智慧谷"中探索生涯健康发展的方法与技巧，建构正确的生涯发展观念；在"生涯实践地"中联系生活实际，运用智慧解决生涯发展中的问题，提升生涯成长能力，在自己的人生舞台上书写不一样的CPMG。

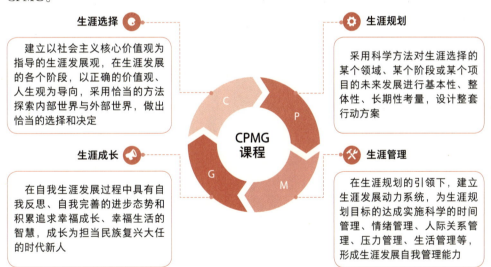

生涯选择
建立以社会主义核心价值观为指导的生涯发展观，在生涯发展的各个阶段，以正确的价值观、人生观为导向，采用恰当的方法探索内部世界与外部世界，做出恰当的选择和决定

生涯规划
采用科学方法对生涯选择的某个领域、某个阶段或某个项目的未来发展进行基本性、整体性、长期性考量，设计整套行动方案

生涯成长
在自我生涯发展过程中具有自我反思、自我完善的进步态势和积累追求幸福成长、幸福生活的智慧，成长为担当民族复兴大任的时代新人

生涯管理
在生涯规划的引领下，建立生涯发展动力系统，为生涯规划目标的达成实施科学的时间管理、情绪管理、人际关系管理、压力管理、生活管理等，形成生涯发展自我管理能力

CPMG课程

希望你成为自我发展的主人，愿你在规划幸福、管理自我、努力奋斗的生涯旅程中，成长为担当民族复兴大任的时代新人。

编写组
2024 年 6 月

目 录

生涯选择

生涯选择是人的生涯发展中非常重要的一种能力。我们进入高中后，新的学业任务也将伴随着新的选择走进我们的生活。本单元将带领我们感悟选择，探寻生涯选择的学问。

通过本单元的学习，我们将取得如下收获：第一，了解新高考改革目标、内容和变化，明确国家进行新高考改革的价值和意义，知道国家对我们的期望。第二，了解选择在生涯发展中的作用，探索适合自己的发展路径，成为有理想、敢担当、能吃苦、肯奋斗的新时代好青年，学会运用科学的方法选科。第三，通过自我认知以及对社会职业、大学专业的探索，初步掌握生涯选择的基本要素，树立自主选择意识，提升自主选择能力。

第一课
面对新选择

在人生的第 16 个春秋，我们走进了高中的校门，开启了为期三年的全新学习生活。在这宝贵的三年里，我们获得哪些认知，体验哪些过程，取得哪些成果呢？

生涯新起点

 生涯纵横说

伴随着新学期早晨的第一缕阳光，我们踏入高中校园，开启新的旅程。下面是几位高中生对高中生活展开的新畅想。

站在新的起跑线上	参天大树的起点是一粒小小的种子，万丈高楼的起点是一块平凡的基石。高中是人生道路上的一个新起点，我们将在新的校园里学习，认识新的老师和同学，共同创建新的集体。让我们一起站在新的起跑线上，以矫健的步伐奋力奔跑，用坚实的臂膀拥抱未来！
新愿景	校长在开学典礼上说，国家实施新高考改革，让我们从高一开始就要为自己的未来做选择，要学会规划自己的学业、规划自己的未来，我们听了很激动。我们把美好的心愿系在气球上，放飞到蓝天。大家的心愿各种各样，有的希望成为科学家，去探索浩瀚无边的宇宙；有的希望成为音乐家，把中国的传统音乐推向世界；有的希望成为记者，让全人类都为中国今天的飞速发展而惊叹；有的希望成为文学家，书写时代进步的优美篇章……理想要通过行动才能实现，在高中这三年，我们要给未来打下坚实的基础，朝目标一步步迈进。

| 高中，我来了 | 　　高中，我来了！在人生的旅途中，我迈出了关键一步。高中是通往大学的阶梯，高中是进入社会的基石，高中是通向未来的桥梁。"枯木逢春犹再发，人无两度再少年"，青春的风采在于昂首向前，青春的意义在于奋斗不息。让我们一起珍惜青春年华，在最美的时光里，掌握知识、学习技能、培养能力，为自己的人生赢得一份优异的成绩单，为青春开启一扇快乐之门。 |

思考

1. 踏上高中新旅程，你有哪些感受和畅想？
2. 高中生涯的新起点体现在哪些方面？
3. 面对高中生涯的新起点，你有什么规划？

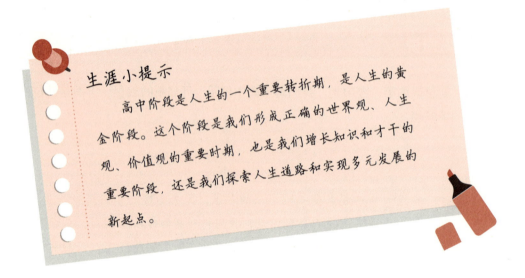

生涯小提示

　　高中阶段是人生的一个重要转折期，是人生的黄金阶段。这个阶段是我们形成正确的世界观、人生观、价值观的重要时期，也是我们增长知识和才干的重要阶段，还是我们探索人生道路和实现多元发展的新起点。

 生涯智慧谷

　　2014年9月，国务院印发《关于深化考试招生制度改革的实施意见》，并确定上海市、浙江省为首批高考综合改革试点省市，新一轮高考综合改革正式拉开帷幕。截至2024年，全国已经陆续有29个省（市／自治区）分五批站上了高考综合改革的舞台。其中，重庆市于2018年第三批启动高考综合改革，并于2021年进行了首届新高考。作为新高考改革的参与者，你对新高考改革知道多少？我们一起来看看有关重庆市实施新高考改革的专题报道。

高考 科目改革	自 2021 年起，重庆市高考科目由全国统一考试科目和普通高中学业水平选择性考试科目组成。 　　全国统一考试科目包括语文、数学、外语（含英语、俄语、日语、法语、德语、西班牙语）3 门学科，由教育部考试中心统一命题。 　　选择性考试科目包括思想政治、历史、地理、物理、化学、生物学 6 门学科，由重庆市教育考试院统一命题。
高考成绩 的构成	自 2021 年起，考生的普通高校招生统一考试总成绩（以下简称"考生总成绩"）由全国统一考试的语文、数学、外语 3 个科目成绩和考生选择的 3 个选择性考试科目成绩组成，总分为 750 分。其中，全国统一考试科目语文、数学、外语的分值均为 150 分，总分 450 分；选择性考试科目的原始分值均为 100 分。在选择性考试中，从物理和历史科目中首选 1 科，成绩以原始分计入考生总成绩；从思想政治、地理、化学、生物学科目中再选 2 科，成绩以等级转换分计入考生总成绩（每科等级赋分满分仍为 100 分），3 个选择性考试科目总分为 300 分。这就是通常所说的"3+1+2"模式。
"学考"的 要求	你听说过"学考"吗？它是普通高中学业水平考试的简称。"学考"分为合格性考试（以下简称"合格考"）和选择性考试（以下简称"选择考"）。
招生录取 方式改革	自 2021 年起，普通高校招生统一录取依据全国统一考试和普通高中学业水平考试成绩，参考普通高中学生综合素质评价，择优录取。录取时，将按选考物理、选考历史两个类别分别制定招生计划，分别划线，分别进行投档录取。考生志愿由"专业（类）+院校"组成，采取一个招生专业（类）一所院校为一个志愿，实行平行志愿投档的统一录取模式。部分特殊类型招生除外。
新高考的 改革目标	形成分类考试、综合评价、多元录取的普通高等学校考试招生模式，建立招生和考试相对分离、学生考试多次选择、高校依法自主招生、专业机构组织实施、政府宏观管理、社会参与监督的运行机制，更好地促进学生健康成长，更好地为国家选拔人才，更好地维护社会公平。

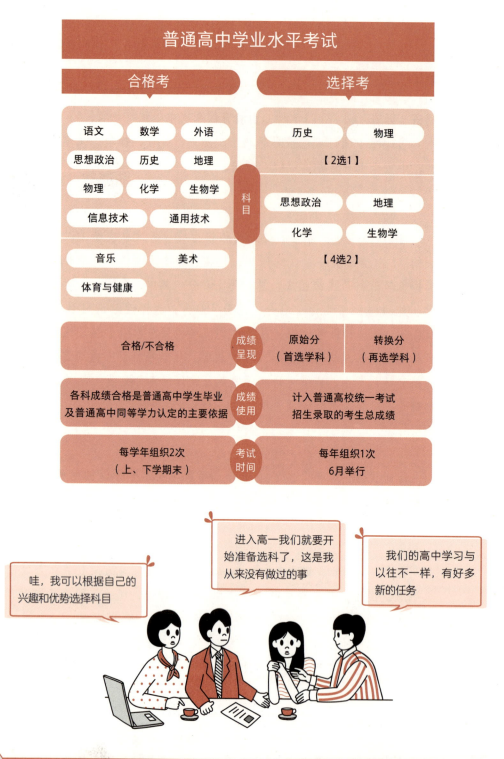

普通高中学业水平考试

合格考	科目	选择考
语文　数学　外语 思想政治　历史　地理 物理　化学　生物学 信息技术　通用技术 音乐　美术 体育与健康	科目	历史　物理 【2选1】 思想政治　地理 化学　生物学 【4选2】
合格/不合格	成绩呈现	原始分 （首选学科）　转换分 （再选学科）
各科成绩合格是普通高中学生毕业及普通高中同等学力认定的主要依据	成绩使用	计入普通高校统一考试招生录取的考生总成绩
每学年组织2次 （上、下学期末）	考试时间	每年组织1次 6月举行

哇，我可以根据自己的兴趣和优势选择科目

进入高一我们就要开始准备选科了，这是我从来没有做过的事

我们的高中学习与以往不一样，有好多新的任务

生涯实践地

1. 了解新高考改革方案，针对以下问题进行专题讨论，说说你的体会。

2014年9月，国务院印发《关于深化考试招生制度改革的实施意见》，提出改进招生计划分配方式，改革考试形式和内容，改革招生录取机制，改革监督管理机制。从此，我国高考进入了一个创新改革的阶段。2017年9月，中共中央办公厅、国务院办公厅印发的《关于深化教育体制机制改革的意见》提出：要营造健康的教育生态，大力宣传普及适合的教育才是最好的教育、全面发展、人人皆可成才、终身学习等科学教育理念。这样的教育理念为我们的发展赋予了更多自主选择的权利。一个新的起点展现在我们面前。

（1）国家为什么要进行高考改革？
（2）自己选择学习与考试科目的意义是什么？
（3）自主选择在生涯发展中有什么作用？

2. 与同学一起研究高考发生的变化，结合关键词说说你的想法。

高考的变化及我的想法

录取模式	
考试科目	
考试时间	
外语考试	
计分方式	
我的想法	

请你重视选择

 生涯纵横说

高中阶段是开启生涯选择的新起点。如何选择，成为摆在我们面前不可绕过的"坎"。选择，对我们来说其实并不陌生，采用何种方式学习？交什么朋友？发展哪些兴趣爱好？等等，生活中处处都有选择，众多选择构成了我们的人生。不同的选择使我们走向不同的方向，进而经历不同的人生。关键的选择会改变我们的命运。所以，面对人生的岔路口，我们需要理性地思考和抉择，因为每一次选择都不能重来。

人生就是一次无法重复的选择

一天，几个学生问智者："人生是什么？"

智者把他们带到一片苹果园附近，要求大家从苹果园的这头走到那头，每人挑选一个自己认为最大最好的苹果。不许走回头路，不许选择两次。

在穿过苹果园的过程中，学生们认真细致地挑选自己认为最大最好的苹果。当大家走到苹果园的另一端时，智者已经在那里等候。他笑着问学生们："你们挑到自己认为最大最好的苹果了吗？"大家互相看了一下，都没有回答。

智者又问："难道你们对自己的选择不满意？"

"老师，能否让我们再选择一次？"一个学生请求说，"我一走进苹果园就遇到了一个又大又好的苹果，但没有摘。我想等着摘更大更好的苹果，可后来再也没有找到比它更大更好的苹果了。"另一个学生接着说："我刚好相反，刚走进果园就摘了一个自己认为最大最好的苹果，但后来我又遇到一个更大更好的苹果，我后悔了。"

"老师，让我们再选择一次吧！"学生们不约而同地请求。

智者笑了笑，语重心长地说："孩子们，这就是人生——人生就是一次无法重复的选择。"

思考

1. 从小到大你经历过哪些印象深刻的选择？

2. 你如何看待选择？

3. 你如何理解人生就是一次无法重复的选择？

 生涯智慧谷

人生的选择是什么？学会选择对我们的成长有何意义？不同的人会给出不同的解答。

老师

> 人生的选择是一个人对自己人生价值的回答。有的大学生毕业后选择回到自己的家乡，为振兴家乡经济出力，实现自己的人生价值

智者

> 每个人都有选择的权利，随着社会不断发展，我们的选择越来越多，但每个人因选择不同，人生的道路也不尽相同。重视选择就是对自己的未来负责，对自己的人生负责

生涯规划师

> 在人的一生中，我们要经历很多选择。随意选择或者错误选择，会给我们带来很多烦恼或不幸。进入高中后，我们的各种选择会逐渐增多，希望大家好好学习如何做出正确合理的选择。学会选择是每个高中生都应该发展的一种生涯能力

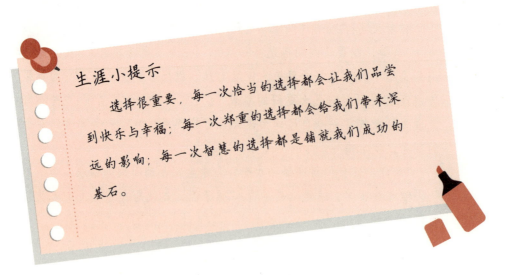

生涯小提示

　　选择很重要，每一次恰当的选择都会让我们品尝到快乐与幸福；每一次郑重的选择都会给我们带来深远的影响；每一次智慧的选择都是铺就我们成功的基石。

 生涯实践地

1. 阅读下面的故事，你认为秦玥飞的选择慎重吗？他的选择告诉我们什么？

　　秦玥飞，毕业于耶鲁大学，现任湖南省衡山县福田铺乡白云村大学生村官，是黑土麦田公益（Serve for China）联合发起人，入选"感动中国 2016 年度人物"。他高中毕业时，以托福满分的成绩考入美国耶鲁大学，享受全额奖学金，成为重庆市第一个被世界一流名校直接录取的学生。获得双学士学位、以优异成绩毕业的他，没有去跨国公司做都市白领，而是在 2011 年来到湖南省衡山脚下的贺家山村，做了一名大学生村官，为当地改善水利灌溉系统、硬化道路、安装路灯、修建现代化敬老院，为乡村师生配备平板电脑、开展信息化教学……2013 年，他被评为"最美村官"，立个人一等功一次。2014 年服务期满，秦玥飞认为"输血"并非最可持续的乡村发展模式，于是放弃提拔机会，转至白云村续任大学生村官，用"造血"的方式建设乡村。

2. 下面是几位同学面临选择时的态度，你觉得可行吗？这样做可能会带来什么样的后果？

　　吴欢欢上高中了，妈妈说高中生应该专注学科学习，不让她继续学习钢琴了，给她报了几个学科的补习班。吴欢欢心里不乐意，但也没有反对。

　　王登的爸爸是一位酒店集团的经理，爸爸希望他在大学学习酒店管理，长大以后就到酒店做管理工作。王登把爸爸的想法告诉了老师，老师问："你是怎么想的呢？"王登说："我没想，到时候再说吧。"

张文礼从小就对生物学特别感兴趣，因此高考报志愿时只考虑与生物学相关的专业，一发现"生物医学工程"这个专业，就把它选作了第一志愿。然而，他被录取后才发现，他报考的学校里，生物医学工程专业设置在电子信息工程学院之下，主要课程与生物学专业相去甚远。

3. 请你用亲身经历的或了解的事例说说重视选择的必要性。

选择要有准备

 生涯纵横说

　　行成于思，毁于随。今天的选择影响甚至决定着我们明天的生活。面对新高考，我们有选择的机会，也需要为选择做好准备。

从高考失落到就业迷茫　　小A是某重点高中的一名优秀学生，但他的高考成绩比平常的模拟考试成绩低了许多。有人鼓励他可以用"报得好"弥补考得不好，他决定试一试。但由于他之前只顾学业，从来没有了解过这方面的知识，因此只能从头开始，自己琢磨。接下来的几天，他在家翻看学校发的填报志愿指南，备选方案写满了一张又一张白纸，最终在报考结束的前一天确定了志愿填报方案。然而他还是没有办法睡个好觉，因为他不知道自己能不能被录取，也不知道自己最终会被哪所大学录取。未来本应该掌握在自己手里，但他却感到恐慌焦虑、担心害怕。

　　半个月之后，小A被一所211大学录取了。虽然专业不是他喜欢的数学，而是他不怎么喜欢也不擅长的英语，但好歹那所大学是重点大学。开学后，小A自己都没想到，原本很期待的大学生活却因为专业的事情让他过得很不开心。因为他不擅长英语，也没有坚持背单词、学语法的毅力，每次专业考核他都在班级的中下游徘徊。因为成绩不理想，平时的综合实践评优也没有他，他原本在高中时作为学优生所拥有的成就感在大学里被无情地碾碎了。

好不容易熬到毕业，他又不知道应该找什么工作、怎么找工作。看着各个公司的招聘条件，他觉得自己一条都不符合。但他还是鼓起勇气去投递简历，心想：有了211大学的毕业证，好歹简历不会被刷下去吧！但一到面试环节，他就彻底败下阵来。

思考

1. 从小A的经历中你得到了什么启发？
2. 选择需要做哪些准备？
3. 选择有没有方法可循？

 生涯智慧谷

在老师的指导下，高一（3）班开展了一次关于选择准备的生涯访谈活动，大家收获了很多。

同学A：做好选择准备非常有必要，就像旅行者在出行前必须做好几大准备。一是路线考察准备；二是物资准备；三是身体准备；四是……

同学B：哥哥告诉我，选择工作要做很多准备。一是从众多的单位中选择适合自己的工作；二是通过各种途径对自己喜欢的单位进行充分了解；三是做好面试准备，做一份很全面的自我推荐书……

同学C：培养特长也要做好几个方面的选择准备。一要对自己有全面了解，看基础条件是否具备，比如有些同学喜欢当演员，但要看自己是否擅长表演；二要对特长的发展过程做充分准备，做好一定的安排，保证特长发展的时间；三要有思想准备，有担当精神和坚持到底的毅力等。

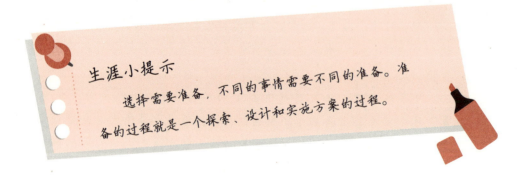

生涯小提示

选择需要准备，不同的事情需要不同的准备。准备的过程就是一个探索、设计和实施方案的过程。

1. 做游戏，谈感悟。

> **冰河期来袭**　气象学家们经过不断讨论和计算后，郑重地向全世界人民宣布：人类担心已久的冰河期即将到来。住在北回归线以北的你正好建了一个秘密基地，但由于基地太小，你只能选择 5 个人与你一起生活，你会选择谁呢？

1. 学识渊博的大学教授	2. 医术高超的医生	3. 顶尖的气象学家	4. 形象设计师
5. 特种兵	6. 建筑师	7. 24 小时逗乐的小丑	8. 影视明星
9. 能看穿人心的魔法师	10. 最亲的人	11. 电脑游戏设计师	12. 怀孕的妇女
13. 领袖	14. 心理学家	15. 能帮助你成为世界第一的人	16. 世界首富

对以上人员，我的选择是：

我的选择	理由概述
1.	
2.	
3.	
4.	
5.	

与小组同学协商，对以上人员，我们小组的选择是：

小组的选择	理由概述
1.	
2.	
3.	
4.	
5.	

在游戏中，你有什么感受？

2. 读下图，说一说面临高中阶段的选择，我们应该做好哪些准备。

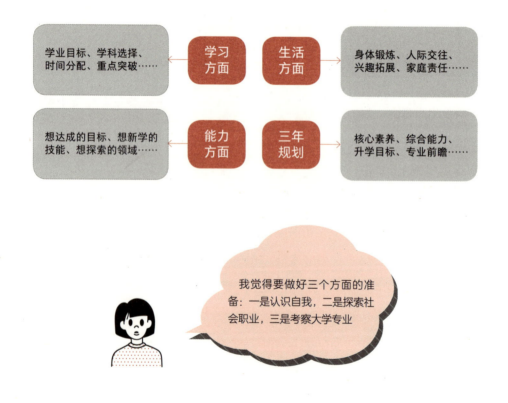

02

第二课
选科准备 ABC

凡事有备无患，选择也需要准备。选科是我们进入高中的一次重要选择，也是对我们生涯发展负责的一次重要行动，需要做好多方面的准备。知彼知己，方能百战不殆，正确认识自己就是选科准备的第一站。

全面认识自己

生涯纵横说

只有充分了解自己的兴趣爱好、性格偏好、能力及潜能发展需要，才能择己所爱、择己所适、择己所需，充分发挥自我优势，实现生涯幸福。

在选科走班动员会上，老师告诉同学们："全面认识自己是我们选科准备的第一步，选科一定要在充分认识自己的基础上进行。"高一（3）班的同学们对此进行了热烈讨论，大家发表了不同的想法。

思考

1. 认识自己与选科有什么关系？
2. 认识自己包括哪些方面？
3. 我们可以采用哪些方法认识自己？

生涯智慧谷

知人者智，自知者明。世界在发展，每个人也在发展。认识自己是一个不断探索、不断追寻的动态过程。那么，我们可以从哪些方面去认识自己呢？

认识自己一般可以从自我评价、他人评价和工具评价三个方面进行。

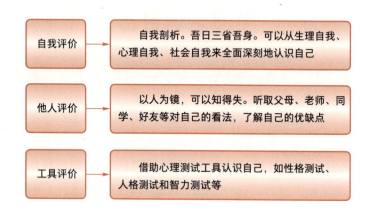

自我评价	自我剖析。吾日三省吾身。可以从生理自我、心理自我、社会自我来全面深刻地认识自己
他人评价	以人为镜，可以知得失。听取父母、老师、同学、好友等对自己的看法，了解自己的优缺点
工具评价	借助心理测试工具认识自己，如性格测试、人格测试和智力测试等

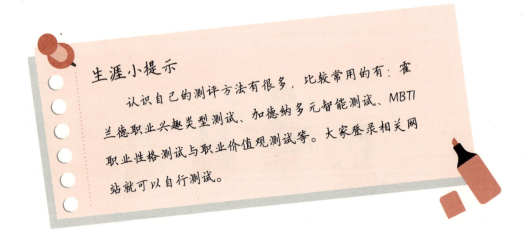

生涯小提示

认识自己的测评方法有很多，比较常用的有：霍兰德职业兴趣类型测试、加德纳多元智能测试、MBTI职业性格测试与职业价值观测试等。大家登录相关网站就可以自行测试。

1. 我们通过一个小活动来测试一下自己的职业兴趣。

兴趣岛旅行　　假设给你一次重生的机会，但要求你必须在以下6个岛中选择一个并在上面生活一辈子，成为那里的居民。请不要考虑其他因素，仅凭自己的兴趣挑出你想前往的岛。

R：自然原始岛

岛上的自然生态保持得很好，有各种野生动物。岛上的居民以手工见长，自己种植花果蔬菜、修缮房屋、打造器物、制作工具，喜欢户外运动。

I：深思冥想岛

岛上有天文馆、科技馆、博物馆及图书馆。岛上的居民喜欢观察学习、崇尚和追求真知，经常有机会与来自各地的哲学家、科学家、心理学家等交流心得。

A：美丽浪漫岛

岛上有美术馆、音乐厅、街头雕塑和街头艺人，弥漫着浓厚的艺术文化气息。岛上的居民保留着传统的舞蹈、音乐和绘画。许多文艺界的朋友都喜欢到这个岛上寻找灵感。

C：井然有序岛

岛上的建筑十分现代化，是进步的都市形态，以完善的户政管理、地政管理、金融管理见长。岛上的居民个性冷静保守，处事有条不紊，善于组织规划，工作细心高效。

E：显赫富庶岛

岛上经济高度发展，处处是高级饭店、俱乐部、高尔夫球场。岛上的居民善于企业经营和贸易活动，能言善道。往来者多是企业家、经理人、政治家、律师等。

S：友善亲切岛

岛上的居民个性温和、待人友善、乐于助人，各个社区均自成一个密切互动的服务网络。人们重视互助合作，重视教育，岛上充满人文关怀的气息。

（1）请大家按照喜好程度选出自己最想去的一个岛。

（2）请大家按照最想去的岛分成六组。

（3）同组交流：我为什么选择这个岛？我的兴趣爱好是什么？

2. 做一个听取他人评价的小方案，看看你在别人眼里是什么样的。

我的他评小方案

征求意见人姓名	他（她）的看法	我的思考

3. 综合自我评价、他人评价和工具评价的结果，对自己进行综合评价。

综合评价表

姓名					班级			
评价内容	外貌特征	性格特点	发展优势	存在弱势	适合职业	适合学科	其他建议
自我评价							
他人评价 1							
他人评价 2							
他人评价 3							
他人评价 4							

工具评价	职业兴趣	□社会型　□企业型　□常规型　□现实型　□研究型　□艺术型
	职业性格	□ISTJ（监察者）　　□ISFJ（保护者）　　□INTJ（科学家） □INFJ（创作者）　　□ISTP（技术型）　　□ISFP（艺术家） □INTP（建筑师）　　□INFP（哲学家）　　□ESTJ（管理者） □ESFJ（销售者）　　□ENTJ（统帅者）　　□ENFJ（教育家） □ESTP（促进者）　　□ESFP（表演者）　　□ENTP（发明家） □ENFP（竞选者）
	多元智能	□言语语言　　□音乐韵律　　□数理逻辑　　□视觉空间 □身体运动　　□自我认识　　□人际沟通　　□自然观察
	职业价值观	□收入财富　　□兴趣特长　　□权力地位　　□自由独立 □自我成长　　□自我实现　　□人际关系　　□身心健康 □环境舒适　　□工作稳定　　□社会需要　　□追求新意

综合描述	

探索心仪职业

通过前面的学习，大家对自己有了较为全面的认识，也许心中对选科已经有了自己的看法。但是，选科不仅要了解自己的兴趣、性格等，还要对外部世界进行积极探索，这样可以使我们的选择更全面、更科学。

从"职业玩家"到游戏创作者的梦想转换

我第一次听说"职业玩家"这个词是在一次心理咨询中，它出自一位高二男生之口。这位男生迷上了网络游戏，而且立志成为一名真正的"职业玩家"。这可把他的父母急坏了，但是他非常坚持自己的选择，于是他的家庭陷入了关于未来可能性的激烈争执中。男生问我："老师，您知道职业玩家吗？"我说："我的确是第一次听说这个职业，你能具体说说吗？"于是这位男生很热心地向我介绍了他所了解的"职业玩家"。

为了能客观地分析"职业玩家"这个职业，我们一起商定了一项任务——完成一份关于"职业玩家"的职业信息调查。我要求他尽可能地了解与"职业玩家"相关的系统而客观的信息。男生看着那份职业信息调查表，过了好一会儿才认真地说："老师，这个有难度，但我会尽力！"我说："是的，这的确不容易。但既然是你喜欢的，是你做出的选择，你当然需要对它有清晰的了解。"

两周后，这位男生又坐到我面前。看着他完成的这份完整的职业信息调查表，我很感动，我看到他在繁重的学业压力下依然保持着理性与热情的炽热之心。出乎意料的是，他在这份调查表的背面给我留了一段话：老师，调查表填好了，我也准备放弃"职业玩家"这个理想了。当我真正全面了解"职业玩家"的工作性质之后，我发现自己喜欢的是游戏创作，而不是成为"职业玩家"。所以，我希望将来能学习计算机相关专业，成为一名优秀的游戏创作者。

 思考

1. 什么原因让这位同学放弃了执着的"职业玩家"梦想？这给你带来什么启示？
2. 你的职业兴趣或倾向是什么？
3. 通过哪些路径、哪些方法可以论证你的选择是恰当的？

生涯小提示

　　全面客观的社会职业调查能为我们做好选科走班准备提供丰富的信息资源，能让我们将今天的学习与未来的发展紧密联系起来，能让我们提前感知祖国前行的步伐，从而做出明智的选择。

 生涯智慧谷

　　《中华人民共和国职业分类大典（2022年版）》的职业分类结构包括8个大类，79个中类，449个小类，1 636个职业。面对这么多职业，我们该怎样去了解呢？听听下面几位同学的看法。

当代社会处于剧烈变化的时期，大家要想更好地就业与生活，就必须详细了解自己感兴趣的行业和职业，自觉地将个人选择与国家发展需求结合起来。我们可以从行业和职业两个方面来认识我国的职业分类

我们可以从自己的职业兴趣或职业倾向入手开始探索，先看自己喜欢的职业属于哪个大类，从大类到中类，再到小类和具体职业，逐一了解大致情况……

我们要对自己喜欢的工作进行深度了解，比如这个工作的主要任务、主要内容是什么，需要怎样的素质，是否适合我……

职业调查的方法有很多，我们可以上网查询，可以找专业老师咨询，也可以采访业内人士，还可以参加培训班……

生涯小提示

标准职业分类系统（standard occupational classification, 简称 SOC）是全球最普及的职业分类系统。这个系统对职业进行分门别类，使搜索者比较容易找到对应职业。2024 年 1 月，工信部等七部门联合印发的《关于推动未来产业创新发展的实施意见》指出，我国将重点推进未来制造、未来信息、未来材料、未来能源、未来空间和未来健康六大方向产业发展。

根据 2017 年版《国民经济行业分类》（GB/T 4754—2017），我国行业分为 20 个门类，若干大类、中类和小类。大家可以查询中华人民共和国国家统计局官方网站了解更多信息。

 生涯实践地

1. 我们在做职业选择时所依据的信息，最初主要是从自己所处的家庭环境中获取的。在未来遇到职业选择问题时，个人受到的家庭影响尤为明显。下面请大家来完成家族职业图谱，填写家人及主要亲戚的具体职业。请你将自己家族中的主要亲属及其职业填写在下面的家族成员职业树上。

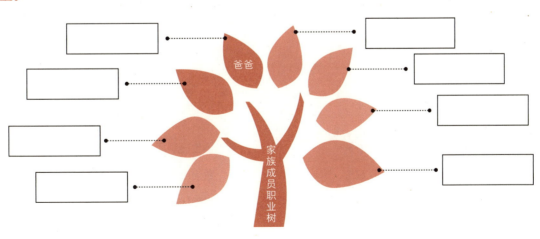

请回答以下问题：

（1）你的大多数家族成员从事什么职业？

（2）你的爸爸（妈妈）如何描述他（她）自己的职业？

（3）你的家族成员对彼此感到满意或羡慕的职业是什么？

（4）你的家人最常提到有关职业的事是什么？

（5）哪些职业是你绝不考虑的？

（6）哪些职业是你愿意考虑的？

（7）在选择职业时，你还重视哪些条件？

2. 选择一个或两个自己感兴趣的职业进行调查，并写出一份调查报告，为自己今后选择大学专业做准备。

职业调查报告

姓名：_____　　年级：_____　　学号：_____

职业名称	
职业目标	
职业内容	
职业发展前景	

3. 寻找 5 份自己感兴趣的职业招聘广告，想象未来的自己，尝试填写一份应聘表格，然后与同学交流自己的感受，并说说对自己现在的学习有什么启示。

员工应聘表

姓名		性别		出生日期		照片
籍贯		民族		政治面貌		
身高 /cm		健康状况		婚姻状况		
体重 /kg		期望月薪		可到岗时间		

毕业院校			学历		联系电话	
所学专业			毕业时间		邮箱	
身份证号					QQ 号	

	时间	学校/培训机构	专业	取得证书
教育背景				

	工作时间	工作单位	工作岗位	离职原因	证明人
工作经历					

自我评价	

考察对应专业

 生涯纵横说

　　当你填写员工应聘表时，教育背景栏目中的"专业"你肯定关注到了，你写的什么专业呢？这个专业的大学排名你了解吗？你需要在高中阶段学习哪些学科才可以报考这个专业呢？

　　　　她叫晓玥，从小对金融感兴趣，在高中阶段就对自己有清晰的了解和准确的定位。她的目标是 30 岁之前成为一名优秀的投资经理人。她能实现这个目标吗？

　　　　晓玥的高考成绩在年级排名为第 183 名，在班级排名为第 19 名，其他班还有三名同学和她分数相同。那三名同学按照往年高考录取的情况，分别填报了东北师范大学的英语专业、中国地质大学的地球物理专业、中国农业大学的车辆工程专业。在详细完善的生涯规划帮助下，晓玥申请去香港岭南大学攻读金融学专业。

她为什么要这样做呢？按照以职业为导向的学业规划原则，她如果未来想做一名投资经理人，通常需要拿到一个全球前 30 名的商学院的工商管理硕士（master of business administration，简称 MBA）文凭。

对此，她做了一个调研：究竟什么样的人才能进入全球前 30 名的商学院读 MBA？一般是那些拥有国际投资银行等金融机构工作背景的人！

在大学读 4 年金融学专业，然后去国际金融机构工作 3 年，再去读 MBA。取得 MBA 文凭时，她二十七八岁，以她这样的背景，30 岁之前成为一名优秀的投资经理人的目标应该不难实现。

思考

1. 晓玥的经历告诉我们什么？
2. 考察大学专业要注意什么？

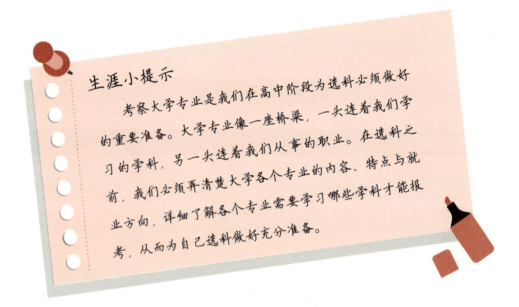

生涯小提示

考察大学专业是我们在高中阶段为选科必须做好的重要准备。大学专业像一座桥梁，一头连着我们学习的学科，另一头连着我们从事的职业。在选科之前，我们必须弄清楚大学各个专业的内容、特点与就业方向，详细了解各个专业需要学习哪些学科才能报考，从而为自己选科做好充分准备。

 生涯智慧谷

按照《普通高等学校本科专业目录（2024 年）》分类，我国普通高校设置哲学、经济学、法学、教育学、文学、历史学、理学、工学、农学、医学、管理学、艺术学等 12 个学科门类，共816 种专业（较 2023 年新增 24 种新专业）。

这么多专业我们该从何处入手呢？下面看看老师为你提供的方法——考察大学专业"五步行"。

第一步，看自己心仪的职业需要大学哪些专业的毕业生。

第二步，看哪些大学开设这些专业，以及各所大学这个专业的排名、优势和特点。

第三步，联系自己心仪的职业寻找适合自己的大学及专业。

第四步，看这些专业需要学习哪些高考科目才能报考。

第五步，对这些专业进行比较并写出专业之间的区别

生涯小提示

专业比较——以法学门类为例

截至2024年，法学门类下设6个专业类别（即法学类、政治学类、社会学类、民族学类、马克思主义理论类和公安学类），共52种专业（如社会学类下属7种专业，包括社会学、社会工作、人类学、女性学、家政学、老年学和社会政策）。考察专业一定要了解同一类别下不同专业的特点，选择与自己志趣相近的方向。

 生涯实践地

1. 读下面的资料，说说你的感受。

一份对近万名大学生进行的调查结果显示，44%的大学生不喜欢自己的专业，原因各种各样，比如专业不是自己选择的，或者即使是自己选择的，但进入专业学习以后才发现不是当初自己所了解的那样。

对"你是否了解自己想要进入的行业的发展前景？"这道题，只有27.4%的人曾经向业内人士咨询过。对"你是否了解目标公司的选才要求？"这道题，"不清楚"的人占23.9%。这些情况的存在成为大学生就业困难的重要因素。

2. 选择1～3个与自己喜欢的职业相吻合的大学专业进行考察，通过检索网络、阅读书籍、访谈人物、实地游学、关注新媒体报道、咨询职业生涯规划人士等多种途径，收集相关信息，完成下面的大学专业考察报告，并与大家交流。

大学专业考察报告

序号	大学名称	专业名称	专业排位	主要特点	备注
考察总结					

Lesson 03

第三课
选科我决策

当我们为选科走班做好了充分准备，进入选科决策环节的时候，我们该如何综合平衡、科学决策呢？

决策影响因素

 生涯纵横说

2019 年 4 月，重庆市人民政府印发《重庆市深化普通高等学校考试招生综合改革实施方案》。实施方案提出，重庆市新高考实行 "3+1+2" 模式，要求考生必须在物理和历史中选择一门，构成 "3+1+2" 中的 "1"，物理和历史将采用卷面分。然后在剩下的 4 门学科（思想政治、地理、化学、生物学）中选择 2 门参加考试，这两门采取等级赋分制。新高考赋予我们更大的自主选择权利，同时也将考验我们的生涯决策能力。

小 A 的纠结　　我了解过《中华人民共和国职业分类大典（2022 年版）》，我觉得自己对文学、艺术、新闻出版等职业比较感兴趣。老师曾说，要择己所爱，择己所长。有的同学说，男生更适合学理科，可我在理科中只喜欢物理，对其他科目兴趣不大。父母与我的意见分歧很大，他们说在招生和就业问题上，希望我选理科，今后好从事他们看好的生物制药行业。不过他们也说最终决策权在我这里。我真不知道该如何做这个决策！

 思考

1. 使小 A 同学感到纠结的因素有哪些?
2. 作为他的生涯小导师，你有何建议，理由是什么?
3. 梳理你的思考，填写下表。

影响因素	生涯小导师的建议	理由

 生涯智慧谷

决策是一个复杂的认知过程，有广义和狭义之分。狭义的决策是指决策者按某种标准从若干可能的方案中选择其一，标准可以是最优、最满意或最合理的，往往因人、因事、因时而异。广义的决策是指决策者为了达到一定的目标，从一些可能的方案或途径中进行选择的整个分析过程，是对影响决策的诸因素进行逻辑判断与权衡的过程，包括决策前准备、决策后评估等一切与决策相关的活动。

合理的生涯决策需要决策者根据自己所掌握的信息，权衡各种选择的利弊与风险，实现自身所追求的最大价值。

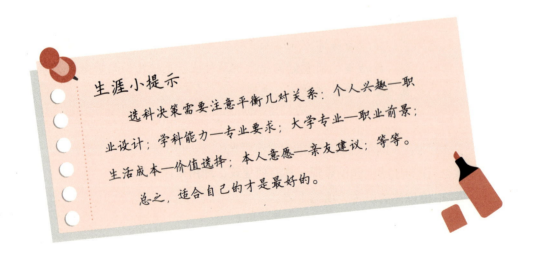

生涯小提示

选科决策需要注意平衡几对关系：个人兴趣—职业设计；学科能力—专业要求；大学专业—职业前景；生活成本—价值选择；本人意愿—亲友建议；等等。

总之，适合自己的才是最好的。

决策金字塔是生涯决策的重要工具之一。请你试着梳理自己重点考虑的决策因素，绘制自己的选科决策金字塔。

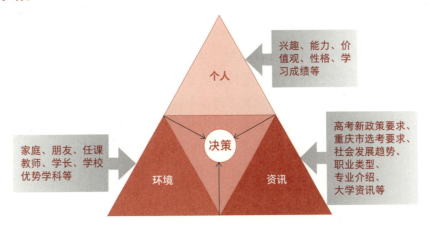

选科决策平衡

很多学生在面临重大决策，如报考高中、选考科目、选择专业时，会犹豫不决、茫然无措。也有学生对他们面临的各种选择似乎很了解却无法做出决定。究其原因，主要是他们没有掌握决策的基本技巧和有效方法。

在具体操作中，我们可以用表单的形式来进行梳理和分析。

步骤一，确定问题。把要进行比较选择的若干门选考科目填入决策平衡单的第一行。

步骤二，罗列因素。尽量把影响自己选择考试科目的各种因素写在第一列考虑因素的栏目中。

步骤三，评估标准。根据该因素对你的重要性和迫切性，赋予它权重，并写在第二列，加权范围为1~5倍。权重越大说明你越重视该因素。

步骤四，比较打分。根据每个科目的实际情况打分，优势为"+"，劣势为"-"，计分范围为"-5~+5"（注意：给每个选项打分时，要进行横向比较，即得分差来自比较级）。

步骤五，分数合计。将每一项的得分和失分乘以权重，得到加权分，分别计算出总和，即"加权后合计"，比较若干个选择方案的分数，得分越多则该科目越适合你。

步骤六，做出选择。

模拟选科进行时

　　重庆市某中学为了使高一学生在进行选科决策时能做出恰当的选择，对全体高一学生开展了一次选科模拟演练。

　　在进行选科模拟演练前，学校根据重庆市新高考方案中的"3+1+2"模式为同学们提供了12种选科组合形式。同学们可以根据自身兴趣、志向、优势和高等学校招生要求以及普通高中办学条件进行选择。

12 种选科组合形式

物理类组合				历史类组合			
1	物理 化学 生物学	4	物理 生物学 思想政治	7	历史 思想政治 地理	10	历史 生物学 思想政治
2	物理 化学 思想政治	5	物理 生物学 地理	8	历史 化学 思想政治	11	历史 生物学 地理
3	物理 化学 地理	6	物理 思想政治 地理	9	历史 化学 地理	12	历史 化学 生物学

　　同学们结合自己前期对自我的认知、对职业的探索以及对大学专业招生的学科要求等情况，对照选科组合表开始选择。虽然前期已经有所准备，但当真正要做出决定时，许多同学都感到困惑，不知道该怎么选。

1. 为什么会出现这种情况？

2. 当出现这种情况时，我们应该怎么办呢？

3. 你在模拟选科时遇到过什么问题？你是怎么解决的？

 生涯实践地

决策平衡单是一种信息整理和量化的有效工具，可以帮助我们分析、权衡各种相关因素，避免决策的盲目性、主观性和随意性。

1. 请你结合自身实际情况，系统分析自己的考虑因素，根据利弊得失赋予权重，计算加权分，按步骤完成自己的决策平衡单，并分享自己的感受和收获。

我的决策平衡单

考虑因素	权重 (1~5 倍)	（　　）学科			（　　）学科			（　　）学科			（　　）学科		
		+	−	加权分	+	−	加权分	+	−	加权分	+	−	加权分
加权后合计													
我的选择（√）													

2. 你是如何确定各种因素及其权重的？请分享一下你的决策和收获。

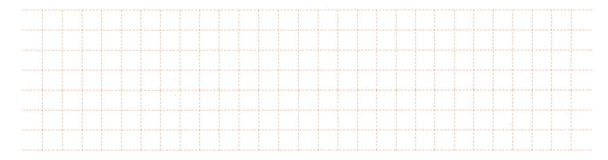

3. 总分最高的就一定是最好的选择吗？为什么？

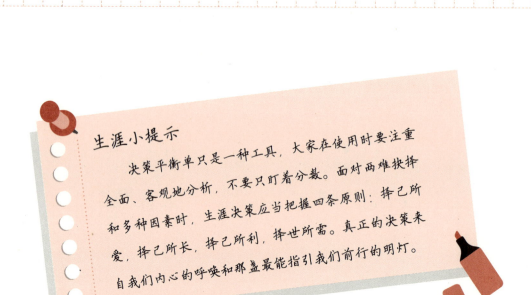

生涯小提示

　　决策平衡单只是一种工具，大家在使用时要注重全面、客观地分析，不要只盯着分数。面对两难抉择和多种因素时，生涯决策应当把握四条原则：择己所爱，择己所长，择己所利，择世所需。真正的决策来自我们内心的呼唤和那盏最能指引我们前行的明灯。

选科决策之后

 生涯纵横说

　　面对决策，有些人不敢选择，有些人担心后果。其实，我们的每一次决策都是站在现在的角度，基于过去的情况和自己已经掌握的信息，面向未来做出决策。决策不仅是一道选择题，还包括选择之前和之后的更多环节。

选科后的心声：挑战、疑虑与坚定

选科结束一周后，面对小记者的采访，同学们纷纷表达自己的想法——

学生 A：担心我的历史考不过选学思想政治和历史的同学，化学和生物学考不过选学物理的同学。

学生 B：我在历史和物理之间进行抉择，最后选了历史，不知道自己的选择是否正确。没选物理对学医有影响吗？历史和化学、生物学好像联系不大。

学生 C：我担心自己因为学不好这些科目而中途产生放弃的念头。

学生 D：我会坚持我的选择，绝不患得患失。虽然我总会遇到很多不如意，生活也远比选科复杂，但是那又如何？

思考

1. 你如何看待同学们的这些想法？
2. 你选科结束后有什么想法？

生涯智慧谷

决策不仅仅是一种行为，更是一种考验。当我们的抉择与父母、朋友的意见发生冲突时，该怎么办？

首先，平复情绪，扪心自问。这个时候，务必让自己的情绪平静下来，用平和的心态去分析自己苦恼的原因。究竟是对父母不理解自己感到气愤，还是他们的态度伤害了自己的自尊？是选择本身存在分歧，还是沟通方式出了问题？找到病根儿，是对症下药的前提。

其次，设身处地，换位思考。正如一个巴掌拍不响，冲突的发生往往可能是双方都有问题。其实，我们试着站在父母的立场思考，有时他们的经验和考虑也不无道理。

最后，把握时机，有效沟通。当双方的情绪都缓和下来时，有效沟通的时机就来了。我们首先要认真倾听父母的想法，再表达自己的观点，包括自己的人生目标与价值取向、所做选择与执行计划等，这是缓和矛盾、有效沟通的关键。即便事情不能马上解决，双方仍各持己见，至少也不会变得更糟。

人生是由无数决策构成的。大到人生方向，小到三餐作息，决策无处不在。决策之所以存在，就是因为世上没有一条十全十美的道路，我们必须要在多种想要的东西中进行取舍——有舍才有得。因此，也有人说决策是一门"放弃的艺术"。既然决策几乎注定是不完美的，那么我们一开始就不需要有完美的期待，这样也会让我们在做决策时减少许多不必要的烦恼。

生涯小提示

　　尽管高中生的可塑性很强，但是在正确选择学科和合理规划职业等方面的能力还有所欠缺。因此，我们要不断强化选择意识和规划意识，并在这个过程中促进自己的身心发育和智力发展，为应对未来社会的进步和挑战打下坚实的基础。从这个意义上说，你自己的选择就是最好的！

 生涯实践地

1. 有人梳理了导致生涯决策困难的因素，如果一定要放弃，你会放弃哪些因素？

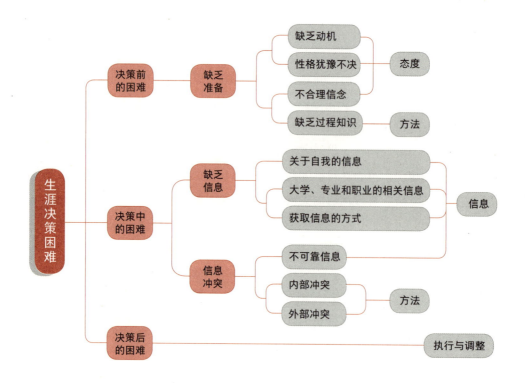

2. 你通过本次选科决策有了哪些成长与收获?

3. 模拟选科是我们在正式选科前的选科演练。根据不同的选科模式，我们可以有不同的选科组合。针对重庆市实施的"3+1+2"模式，我们可以选择的组合有 12 种。你目前的选科意向是怎样的?

必考科目 （3门）	必选科目 （1门）	任选科目 （2门）
语文 数学 外语	□ 物理	□ 化学
		□ 生物学
	□ 历史	□ 思想政治
		□ 地理

生涯规划

2

在全国各族人民共同迈向实现中华民族伟大复兴的中国梦的伟大征程中，我们作为未来社会的中坚力量，要为自己的未来做好规划，这不仅关乎个人成长与发展，也与社会、国家的发展紧密相连。

通过本单元的学习，我们将取得如下收获：第一，了解梦想的力量，找准适合自己的发展方向，树立为中华民族伟大复兴担当大任的理想信念。第二，了解生涯规划的价值和意义，掌握制订生涯规划的基本方法，能为自己的高中学涯绘制蓝图，确立三年成长总目标与学年、学期阶段发展目标，并根据目标制订行动方案。第三，通过制订生涯规划，明确高中阶段德智体美劳全面发展的要求，朝着实现自身全面发展的目标努力前行。

Lesson 04 第四课
畅想高中梦

伴随着中国特色社会主义进入新时代，我们走进了生涯的新阶段。在这个阶段，你对自己的未来有新的思考吗？对三年高中学习和生活有梦想、有规划吗？

梦想的力量

 生涯纵横说

梦想有力量吗？它的力量有多大？在缤纷的世界里，许多精彩感人的事例给了我们最好的答案。

环卫工人张建娜：有梦想的人都了不起

为外国友人指路的环卫工人张建娜在社交平台火了。身穿橘黄色工作服，一手拿着扫帚，一口流利的英语，外表质朴，表达自信，这样的形象让网友纷纷点赞。

张建娜在北京市三里屯使馆区负责清扫工作。在工作中，她很快就发现一个问题：虽然上学时学过英语，但遇到外国人问路或询问如何办签证时，自己总是因为语言不通无法交流而手足无措。即便对这片区域了如指掌，也无法帮到对方。为了提供更好的服务，40岁的她下定决心学好英语。没有老师辅导，她就跟着孩子学；没有固定学习时间，她就利用碎片时间寸积铢累。经过近10年的坚持，她已攒下十几本笔记，掌握了大约3 000个英文单词，可以和外国友人无障碍交流了。

"我一开始学习英语的目的很单纯，就是为了帮一些外国朋友，告诉他们使馆在什么位置，路怎么走。"张建娜说，"学习英语之后我变得更加自信了。为大家服务让我感到很幸福，也证明了自己的价值。"张建娜先后荣获"首都劳动奖章"，获得市、区级"优秀宣讲员"称号，并被选为市、区宣讲团成员，参加北京市巡回演讲。

正如歌曲所唱：有梦想谁都了不起。人生因梦想而前行，因奋斗而成就。心中有光，脚下有路，每个人都能在追梦路上一往无前，书写与众不同的"人生剧本"。

思考

1. 从环卫工人张建娜的事例中你感受到梦想的力量了吗?
2. 梦想对国家发展、民族复兴和个体成长有什么意义?
3. 个人梦想与国家梦想有什么关系?

 生涯智慧谷

某学校对刚进入高中的学生进行了一次关于梦想的小调查,下面我们来看看调查结果。

1. 进入高中后,你对自己高中三年的学习和生活有愿景和蓝图吗?

结果:5% 的学生认为有,39% 的学生认为有一些小设想,50% 的学生没想过,6% 的学生由父母为其设计。

2. 你认为梦想对人的成长有帮助吗?

结果:35% 的学生认为有很大帮助,30% 的学生认为有一些帮助,20% 的学生认为关系不大,15% 的学生没想过。

3. 你对个人梦想与国家梦想的关系清楚吗?

结果:11% 的学生清楚,48% 的学生不太清楚,32% 的学生不清楚,9% 的学生没想过。

调查结果显示,许多学生在成长过程中对梦想的认识不够,一些学生缺乏梦想,只关心眼前的事情,这是应该改进的地方。青年兴则国家兴,青年强则国家强。青年一代有理想、有本领、有担当,国家就有前途,民族就有希望。我们生活在一个与中国梦同行的时代,每个人都应该有理想和追求,都应该有美好的憧憬。作为生长在新时代的高中生,我们要有梦想,并用美好的高中梦指导自己前行。

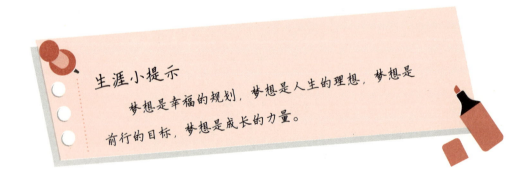

生涯小提示

梦想是幸福的规划,梦想是人生的理想,梦想是前行的目标,梦想是成长的力量。

1. 以"梦想是什么"为主题开展讲故事活动，用身边的典型事例和一个关键词告诉大家梦想在个人成长中的作用。

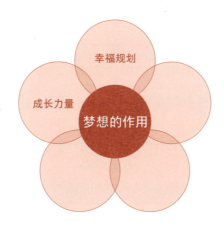

2. "中国梦，同心结。"中华儿女的梦想与国家的梦想存在何种内在关联？请选定一位你喜欢的人进行人物访谈，然后与大家分享你的访谈结果。

人物访谈

被访谈者所在行业	
被访谈者所在岗位	
被访谈者的梦想	
被访谈者对个人梦想与国家梦想的认识	
我的收获	

让梦想更清晰

青年有梦想，国家有希望。我们的梦想是什么？"时光记者"三人组在校园采访了50多名同学，请他们畅谈自己的高中梦。

高中梦，大学梦，我希望通过三年的勤奋学习，考上复旦大学

上高中后，我有一个梦想，就是能在自己的特长方面有更大发展，争取考上中国传媒大学

我还没有比较成熟的高中梦，还不知道自己想要什么，不过我会思考，我会有一个适合自己的梦想

我要在高中练好普通话，多结交朋友，并加入新闻社团，为以后当记者做好准备

除了学习，我还要锻炼好身体。我想报考军校，实现自己梦寐以求的从军梦想

高中阶段很关键，我要把握好这个良好的学习时机，好好想想自己今后要做什么

我给自己的高中梦起了一个名字——美丽高中。我希望自己在高中生活中能与同学友好快乐地相处，与老师成为朋友，让我的高中生涯成为自己人生中的一段美好回忆

我还没有成熟的思考，我最大的愿望就是让爸爸妈妈不要太操心，我会管好自己的学习

思考

1. 这些同学对未来的思考给你带来了哪些启发？
2. 你有高中梦吗？你的高中梦是什么？高中梦可以给我们的生涯成长带来什么？

生涯智慧谷

进入高中，有的同学梦想考上一个好大学，有的同学梦想在高中建立一段难忘的同学情。那么高中生需不需要梦想？高中生对梦想应该有哪些基本的思考呢？

高中生在学科基础知识和基本能力方面已经具有一定的基础。在高中三年中，我们将接受更高级别的考验，将书写不同的人生。这样的三年我们该怎样度过？这样的三年我们该向自己、向父母、向祖国交出一份什么样的答卷？这些问题是每一位高中生都必须思考的。这，就是梦想；这，就意味着成长。

党的二十大报告提出："以中国式现代化全面推进中华民族伟大复兴。""广大青年要坚定不移听党话、跟党走，怀抱梦想又脚踏实地，敢想敢为又善作善成，立志做有理想、敢担当、能吃苦、肯奋斗的新时代好青年，让青春在全面建设社会主义现代化国家的火热实践中绽放绚丽之花。"这是党和国家对青年人的期盼，是我们梦想的根本与核心。我们的梦想要紧密联系三个词：幸福、奋斗、担当。

幸福是人类永恒的追求。今天的高中生就是明天新家庭的组成者，也是建设祖国的生力军。幸福是我们每个人追求的基本目标。所以高中梦应该是幸福梦，我们应该把自己觉得幸福的事融入高中梦

高中梦，幸福梦

习近平总书记说："幸福都是奋斗出来的。"要想幸福就必须奋斗，所以我们在构建自己的高中梦时，要加入奋斗的元素。进入高中后，学习任务加重，我们会面临很多从未经历过的困难。我们要做好经历磨砺的思想准备，做好砥砺前行的准备，让奋斗伴随自己成长

高中梦，奋斗梦

担当是时代的强音，是每一个人都应具备的基本品质。我们的梦想里应该有担当的声音和神韵。我们在梦想里不仅要为自己书写篇章，还要为民族、为国家、为人类书写篇章。我们要把今天的学习与明天的担当联系起来，绘制出有志向、有作为的高中梦

高中梦，担当梦

生涯实践地

1. 看了前面的几段话和几位同学对高中梦的思考，你认为他们对高中梦的构想有需要改进的地方吗？如果有，可以从哪些方面入手？请选择一位同学对高中梦的构想，提出你的建议。

2. 你的高中梦是什么？思考一下，然后绘制一个高中生活愿景板，让你的梦想清晰可见。绘制时静心想一想：我到底要的是什么？我的理想是什么？我的梦想与未来有什么联系？我的梦想与国家的梦想的连接点在哪里？

3. 下面是一位高中生在高中三年的 8 个小梦想。你有小梦想吗？尝试做出自己高中第一年和高中三年的"生命之花"平衡轮。

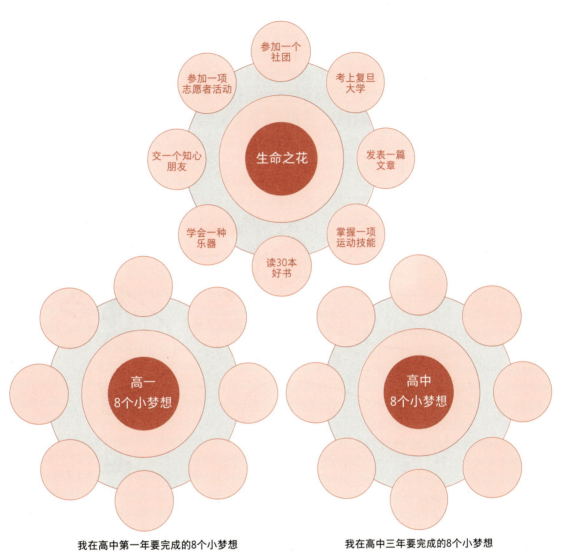

我在高中第一年要完成的8个小梦想　　　　　我在高中三年要完成的8个小梦想

"生命之花"平衡轮

梦想需要规划

 生涯纵横说

　　成长的道路需要规划，个人的梦想也需要规划。一个人只有知道自己想要什么、想做什么、想过怎样的人生，才能为自己的人生"做主"！

有梦想不难，但梦想不是空想、不是乱想、不是幻想，而是实实在在能够实现的目标。实现梦想需要规划，而规划需要有计划、有步骤地执行。

你的学业规划好了吗?

升入高中后，我们的人生进入了一个新的阶段。在我们求学的几个阶段中，高中是承上启下、极为重要的三年。这个时期是高中生世界观、人生观、价值观形成的关键时期，也是人生困惑最多的阶段，需要有人指引，需要科学地进行学业规划。但是，在一些高中生中却存在如下现象。

你的学业规划好了吗?

现象一：学业规划意识薄弱

只埋头学习，不抬头看路。本来，高中生在高中阶段应该初步确立自己的人生发展方向，并对自己的学业进行合理规划。可是，在现实中有这种想法的学生并不多。大多数高中生没有明确的发展方向，没有掌控自己行为的能力，没有规划学业的意识，常常处于被动学习状态。

现象二：自我规划意识较差

在高中学业压力下，部分高中生把自己的大多数时间都用于上课、看书、做题、上辅导班，基本不考虑其他方面的发展。一些学生对自己的兴趣发展、价值观形成等不重视，对自己的人生发展方向缺乏思考。结果，很多学生上大学后对自己选择的专业不满意，有的学生想转专业，有的学生毕业后不喜欢相应的工作，也不知道自己到底能做什么，严重影响了自己的人生发展。

现象三：生涯发展决策力不足

你希望朝什么方向发展？准备做什么工作？面对这些问题，不少高三学生一问三不知。填报高考志愿时由父母"承揽"，以专业热门度为经，以专业就业率为纬，最终以考生誊写、签字告终，大学的专业方向就这样被草率决定了。学校和专业的选择，决定了我们如何度过大学的四年，甚至决定了我们如何度过以后几十年的人生。

很多教育专家呼吁加强高中生学业规划指导，让学生明白自己为什么要学习、该怎么学习。

思考

1. 这些现象在你的身上存在吗？你想过要为自己的梦想做规划吗？
2. 规划与梦想的关系是什么？规划对我们成长有哪些重要作用？

 生涯智慧谷

高中生学业规划是指高中生依据自身的认知特点、兴趣及学业前景确定自己的学业目标，科学合理地安排高中三年的课程修习和自主发展行动计划。高中生学业规划是高中生不断提升思想素养，提升学习质量，提升生涯发展能力，实现学涯愿景的重要保证。

伴随着新高考改革的实施，学业规划已成为高中生的首要课程和重要学习内容。当高考不再按照文理分科时，当高考要求学生不断提高学习能力时，高中生就应该重视学业规划，清楚自己的发展方向，科学地规划自己的学涯生活，争做有理想、敢担当、能吃苦、肯奋斗的新时代好青年。

下面让我们一起走进人物专访栏目，听听他们的看法。

经历过高考的企业高管

面对高考，我们往往会背负学习压力和心理负担。此时，你最需要的是有明确的行动方向。可以说，这是走向成功的第一步。当我回顾高考时，更加感到目标在那段时间里起到了支柱作用。所以，学习之前要弄清楚自己真正的愿望是什么、自己喜欢什么，然后明确自己的学习方向。也就是说，只有及早做好高中学业规划，才不会在高中三年里过得浑浑噩噩，才能取得满意的结果

有经验的学姐

高一相差不大，高二始分高下，高三天上地下。那到底是什么原因让学生在高中三年里产生这么大的变化呢？是学业规划和奋斗精神。越早做好规划，对我们的成长越有利

特级教师

人的一生是非常短暂的，每个人都必须慎重地规划自己的人生，在茫茫大海中找到方向，在困难和挫折中永远立于不败之地，从而坚定不移、勇往直前地追逐自己的梦想。我们无法决定自己的出生，但一定要为自己的幸福人生负责。所以，我们一定要认真规划自己的人生，这是做好学业规划的开始

作家

有的人像落叶，在空中随风飘荡，最后落到地上；有的人像天上的星星，在一定的轨道上遨游，他们有自己的引导者和前进的方向。希望你尽自己所能，系统而有步骤地规划自己未来的发展，给自己创造一个幸福的人生

人生规划	**40年** 设定整个人生的发展目标和阶梯
长期规划	**5~10年** 设定较长远的目标以及实现此目标应采取的具体措施
中期规划	**3~5年** 最常用的一种生涯规划
短期规划	**1年内** 确定近期目标，规划近期应完成的任务

生涯实践地

　　1. 我们的人生是由一个个阶段组成的。在不同的阶段，我们扮演着不同的角色，承担着不同的任务。按生涯角色划分，个人生涯规划可以分为学业规划、职业规划、生活规划、人生规划等。只有将这些规划做好，我们才能更好地演绎这些角色，才能更好地完成自己承担的任务，才能在人生的道路上不断发展和进步，走向美好的未来。我们在不同的人生阶段中可能扮演哪些角色？需要做哪些相应的规划？高中三年的学业规划在人生规划中起着什么作用？

　　2. 提起杨澜，很多人都觉得她很幸运。从著名节目主持人到制片人，从传媒界到商界，她一次次成功地实现了人生转型。杨澜是幸运的，但这种幸运并非人人都有，也不是人人都能驾驭。它需要睿智的眼光、独到的操控能力，是人的职业经历累积到一定程度后厚积薄发而来的。

就像杨澜说的那样："一次幸运并不可能带给一个人一辈子好运，人生还需要你自己来规划。"组织一次人物访谈活动，听听他们对学业规划的看法，说说你的感悟。

人物访谈记录表

被访问者身份	访谈问题			我的感悟
	你有过人生规划吗？	你认为人生规划对人的发展有作用吗？请举例说明	（自拟问题）	

第五课
探寻学涯方向

　　随着新高考改革的稳步推进，高中生将逐渐改变过去那种只顾埋头读书、不自主规划人生的状态。我们不仅要勤奋学习，还要将学业与未来职业发展联系起来，做好学业规划，明确自己生涯发展的方向。在这个过程中，确立一个清晰的目标尤为重要。你有自己的学涯发展方向和目标吗？

成长有方向

 生涯纵横说

　　每个人的成长都应该有方向，但在现实生活中并不是这样的，有的人目标比较清楚，有的人跟着感觉走。那么，有目标与没有目标的人生有什么区别呢？

大学转专业数据调查　　一项调查数据显示，在进入大学阶段后，有12%的本科生和15%的高职高专生表示希望更换自己的专业，其中占比最高的原因是"原专业不符合自己的兴趣"（本科：42%，高职高专：42%），其次为"原专业不符合自己的职业期待"（本科：34%，高职高专：33%），另有较小比例的学生因"原专业就业前景不好""原专业学习困难""原专业声誉不高"等原因想要换专业。

转专业原因分析　　根据调查显示，在想转专业的本科生中，"不感兴趣"这一原因占比高达42%，这一数据不禁让我们产生疑问：既然学生们对自己的专业不感兴趣，那么他们当初为何要选择这个专业呢？

　　主要原因还是学生在高中阶段只关注学习成绩，缺乏对大学以及相关专业的足够认知，缺乏对未来规划的认识，没有树立自己的未来发展目标，才有了高考升学时盲目选择与自己的预期不适配的专业。

<table>
<tr><td>树立未来目标的意义</td><td>高中阶段是探索生涯发展的关键期，确立生涯发展方向必须先确定自己的生涯发展目标。当我们对自己的未来发展目标有认识时，就要开始主动了解丰富多彩的职业世界，初步感受职业的价值，深入探究自己感兴趣的职业和专业方向，以便在填报高考志愿时有的放矢。</td></tr>
</table>

思考

1. 你认为树立未来发展目标能够帮助你避免升学时盲目选择专业吗？
2. 你有未来发展目标吗？如果有，你的目标是否清晰？
3. 你的目标是长期目标还是短期目标？你准备怎样实现自己的目标？

生涯智慧谷

目标在一个人的生命历程中发挥着什么样的作用？为什么人生目标对青少年来说尤为重要？

对高中生来说，人生目标往往显得很遥远。然而，如果你学会正确看待目标，它便不再遥不可及，反而会成为你奋斗的发动机和人生的导航仪。当你明确了自己的人生目标时，你便可以找到人生的主流，从而找到奋斗的方向；你便会明白究竟哪些事情才真正重要，究竟什么样的知识才是你应该掌握的。

对青少年来说，定好自己的人生目标和人生方向很重要。或许我们经过一生的奋斗也未能实现自己的人生目标，但这并不意味着就因此失去了设定目标的价值。人正因为有了目标，才能更好地前进，而不是后退；才能保持积极的思想，而不是消极的态度；才能走向充实，而不是走向虚无。设定目标的价值正体现于此。所以，我们做好规划的第一步就是设定发展目标。

在目标设定的过程中，我们需要把握好哪些构成要素呢？

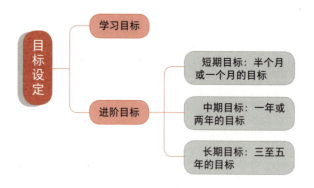

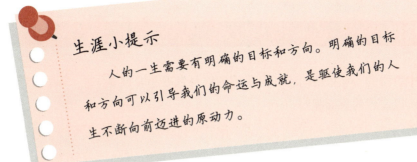

生涯小提示

　　人的一生需要有明确的目标和方向。明确的目标和方向可以引导我们的命运与成就，是驱使我们的人生不断向前迈进的原动力。

 生涯实践地

　　你觉得下列三位同学规划的成长方向是否正确？你有什么好的建议？结合自身实际，与同学交流你在成长方向上面临的困惑。

　　我感觉找不到方向。我现在上高一，感觉自己状态不好，经常和同学出去玩，看到周围的同学都在学习，自己很有愧疚感，但又学不下去。自己没有方向，不知道以后该怎么办，但又没有足够的勇气去改变。我喜欢美术，但是我爸说学美术以后不好找工作，所以不让我学。我现在真的很迷茫……

　　我认为自己现在的目标就是努力读书，只有这样才能考上好大学，以后的生活才有保障。至于那些更大的国家层面的梦想，我觉得还比较遥远

　　我的家庭条件不错，父母平时都会尽量满足我的要求，所以我觉得只要自己的成绩可以给父母一个交代就行，没必要让自己太辛苦，毕竟以后的路他们都会给我安排好

寻找我的学涯目标

目标规划是高中阶段的一项重要内容，对我们的终身发展起着重要作用。我们如何才能把美好梦想变成一个个可以实现的目标呢？

从航天大国迈向航天强国

在近70年的发展历程中，中国航天创造了一个又一个举世瞩目的成就，上演了一个又一个"宇宙级精彩"。中国航天发展大致经历了三个阶段：

起步阶段（1956—1970年）。1956年，中华人民共和国航空工业委员会成立，标志着中国航天事业起步。1970年4月24日，我国成功发射第一颗人造地球卫星"东方红一号"，成为继美、苏、法、日等国家之后第五个能制造和发射人造卫星的国家，奠定了中国航天发展的基础。

发展阶段（1970—1992年）。这一阶段，中国航天技术取得长足发展。1975年，我国成功发射第一颗返回式人造卫星，成为世界上第三个掌握卫星返回技术的国家。1992年，中国政府批准实施载人航天工程，并确定了"三步走"发展战略。

快速发展阶段（1993年至今）。这一阶段，中国航天技术达到世界先进水平，在载人航天、月球探测、空间站建设等领域取得重大成就。1999年，我国第一艘无人试验飞船"神舟一号"成功发射，标志着我国载人航天技术获得重大突破。2003年，"神舟五号"载人飞船成功发射，标志着我国成为继苏联（俄罗斯）和美国之后第三个将人类送上太空的国家。2007年，"嫦娥一号"发射成功，我国开启了探月时代。2013年，"嫦娥三号"成功在月球着陆，这是我国第一个在月球软着陆的无人登月探测器。2016年，"天宫二号"空间实验室成功发射，这是我国首个真正意义上的空间实验室。2020年，火星探测器"天问一号"发射成功，我国迈出了行星探测的第一步。2022年，中国空间站全面建成，成为世界上在运行的空间站之一。2024年6月2日，"嫦娥六号"着陆器和上升器组合体成功着陆在月球背面。

中国航天事业发展至今，每个阶段计划的制订和实施，每个阶段目标的实现，都使我国正在从航天大国向航天强国加快迈进。

思考

1. 从中国航天圆梦的历程中，你获得了哪些启示？

2. 中国航天事业有着明确的阶段目标，你准备如何将自己的总目标分解成多个阶段目标去完成？

生涯智慧谷

我们在确立总目标之后应该做什么呢?

我们要学会对总目标进行分解,这样就不会因为总目标太大或过于遥远而感到气馁。在学习和生活中,我们应专注于离自己最近的那个小目标,一步一步地向前迈进。随着时间的推移,我们将会逐步靠近并最终实现人生的总目标。

我们在规划学涯目标时,也要由近及远、由小到大,形成一个目标激励阶梯,让自己每天的学习和生活都有方向,都有进步。

另外,我们的目标必须具体,要写成文字并确定实现目标的具体期限。同时,目标必须具有可操作性,需要征求多方意见。

目标设定与达成需要的步骤

步骤一:目标可视化
把自己在学习、生活等各个领域想要达成的目标写下来,这是设定目标最简单、最高效的步骤

步骤二:设定时间期限
为自己所写的每个目标设定清楚的完成时间,这可以大大提高达成目标的效率

步骤三:明确达成目标的最大障碍
冷静思考在达成目标的过程中可能会遇到的最大障碍是什么。找到这个最大障碍后制订计划去清除它

步骤四:明确达成目标需要的帮助
仔细分析达成目标需要得到哪些人、哪些机构、哪些资源的支持

步骤五:明确达成目标需要的知识和技能
找出自己要达成这个目标还需要领悟并掌握的关健知识和技能,并不断学习和领悟

 生涯实践地

写下自己高中三年的总目标,并将它分解为学年目标、学期目标和月目标。

高中三年的总目标	

一学年内需要达成的目标	
一学期内需要达成的目标	
一个月内需要达成的目标	

在确定总目标后，请按照自己的安排去完成。当你遇到困难时，要相信自己可以解决。希望你的每一天都在不断追求自己的人生梦想，都在完成自己设定的一个个小目标！

制订我的目标计划

 生涯纵横说

播种未来希望，深耕每寸光阴。合理制订高中学涯目标计划是我们追逐梦想迈出的重要一步。随着各地高考综合改革方案的不断推进，高中生的综合素质评价报告将成为我国高校招生录取的重要依据，同时也为我们制订三年学涯目标指明了方向。

目标计划交流 　通过前面两个话题的交流，同学们希望有所学、有所用，准备在班级里举办"我的目标计划"交流活动，通过交流开拓自己的思维，进而制订自己的目标计划。以下是几位同学的交流。

学生A：我以后想当思想政治老师，我觉得思想政治水平的提升对我很重要，这是我第一个想实现的目标。

学生B：初中的时候，我认为成绩好就是一切，现在我明白德、智、体、美、劳对于高中生来说一个都不能少。

学生C：在新高考改革背景下，我想通过选科找到自己的优势学科，提高高考成绩。

学生D：高中生活丰富多彩，我想在高一时就有机会参加社会实践，这是我以前没有尝试过的。

思考

1. 这几位同学之间的交流对你制订自己的目标计划有哪些帮助？
2. 在你的学年目标计划中，你认为最重要的是什么？

 生涯智慧谷

知道了目标的重要性以及设定目标的步骤后，我们该怎样制订高中学涯规划中的目标计划呢？

制订学涯目标计划要遵循三个依据，体现三个层次，贯彻五条原则，做到全面准确，一目了然，重点突出，符合实际，以便激励自己稳步前行，逐步实现五项发展，成为新时代有用人才。

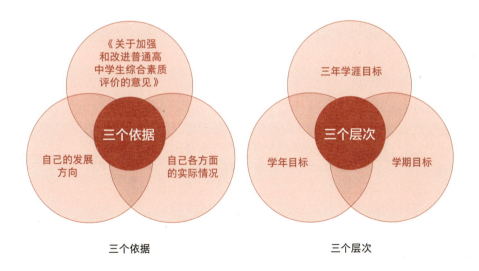

三个依据　　　　　　　　　　　三个层次

《关于加强和改进普通高中学生综合素质评价的意见》

三个依据

自己的发展方向

自己各方面的实际情况

三年学涯目标

三个层次

学年目标

学期目标

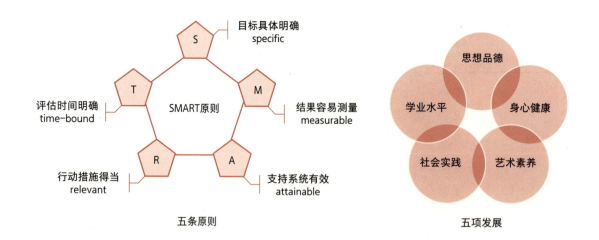

五条原则 | 五项发展

 生涯实践地

1. 根据 SMART 原则分解德、智、体、美、劳的目标，为自己制订一个高一学年的目标。

高一学年的目标

目标内容	SMART 目标检测	总目标	分目标
思想品德	S：目标具体明确	养成良好的卫生习惯和行为习惯，初步形成良好的环保意识和责任意识	1. 养成良好的卫生习惯 2. 养成良好的行为习惯 3. 形成良好的环保意识 4. 形成良好的责任意识
	M：结果容易测量		
	A：支持系统有效		
	R：行动措施得当		
	T：评估时间明确		
	输出目标		
学业水平	S：目标具体明确	全面学习所有学科的基础知识，打下良好的学业基础	1. 掌握各门学科的基础知识 2. 初步确定比较感兴趣的三门选考科目
	M：结果容易测量		
	A：支持系统有效		
	R：行动措施得当		
	T：评估时间明确		
	输出目标		

目标内容	SMART 目标检测	总目标	分目标
身心健康	S: 目标具体明确	身心健康，形成乐观、平和的心态	1. 养成坚持体育锻炼的习惯 2. 形成良好的情绪控制能力
	M: 结果容易测量		
	A: 支持系统有效		
	R: 行动措施得当		
	T: 评估时间明确		
	输出目标		
艺术素养	S: 目标具体明确	具备良好的审美能力和艺术欣赏、表现能力	1. 培养1~2项艺术兴趣或特长 2. 初步具备一些审美能力
	M: 结果容易测量		
	A: 支持系统有效		
	R: 行动措施得当		
	T: 评估时间明确		
	输出目标		
社会实践	S: 目标具体明确	丰富社会体验，提高动手操作能力和解决实际问题的能力	1. 提高动手操作能力 2. 培养创新意识
	M: 结果容易测量		
	A: 支持系统有效		
	R: 行动措施得当		
	T: 评估时间明确		
	输出目标		

2. 每个同学都有不同的目标，在思想品德、学业水平、身心健康等方面也有不一样的想法。下面大家交流一下自己的想法，并写出自己最重要的目标计划。

A同学：我的目标是当老师。所以我更加注重思想品德修养，多参与公益志愿者活动。同时，在学业上我也必须努力，每天坚持课外阅读，每天坚持反思总结。

B同学：我以后想成为一名人民警察，所以在身心健康方面要特别注意。我要每天坚持锻炼，按时起床，不睡懒觉，拒绝各种不良嗜好。

3. 再雄伟的城堡也是由一石一木垒砌而成的，再璀璨的星河也是由漫天繁星簇拥而成的。同样，我们的每一个目标都需要通过详细的计划和不懈的行动才能最终实现。请填写下面的"高中发展目标规划表"，给自己制订一个长短目标相结合的规划。

高中发展目标规划表

目标项目	高中总目标	高一目标	高二目标	高三目标
思想品德				
学业水平				
身心健康				
艺术素养				
社会实践				

lesson 06

第六课
编制学涯规划

确立目标可以使我们明确行动方向，而行动计划可以告诉我们怎么做才能到达我们想要去的地方。如同我们的人生旅途，先确定目的地，再考虑走哪条路、选择什么交通工具、路途中是否需要补充给养。制订规划可以帮助我们进一步明确到达目的地的路径以及前进的方式。

用规划指导行动

 生涯纵横说

成功的秘诀 = 目标 + 计划 + 行动。行动是取得一切成功的保证。不行动，一切计划都只是空想，只有开始行动，才有实现目标的可能。不管你决定做什么，不管你为自己的人生设定了多少目标，决定你能否取得成功的关键永远是你的行动。只有行动才能赋予生命力量，只有行动才能决定你的价值。

坚持 100 天的"奇迹"　　在一次体育课上，一位戴眼镜的女高中生看到班里的男生们在比试击掌俯卧撑，觉得他们特别帅气。尝试几次后，她认识到以自己当前的能力肯定无法完成这个动作，于是她给自己定下了 100 天达成这个目标的行动规划。

▼第 1 天：我一直对自己的身体很自信，不过当我真正做俯卧撑时，却非常吃力，腰部缺乏力量。

▼第 2 天：双臂有点颤抖，但身体明显比之前直了，必须坚持下去。

……

▼第 31 天：天天看书学习，还要注意增强身体素质呀！现在继续做俯卧撑，这次要提升一个难度等级，做钻石俯卧撑。

……

▼第 34 天：这次做下斜窄距俯卧撑，双脚要撑在凳子上。这个难度真的不小，继续加油！

……

▼第 70 天：我不想只是"可以做俯卧撑"而已，所以尝试通过爆发力移动双手。虽然失败了，但我在尝试做击掌俯卧撑时对自己有信心了。

……

▼第 100 天：奇迹发生了，我能完成漂亮的击掌俯卧撑了。看着镜子中的我，一身运动达人的装扮，不再是那个曾经戴着厚厚眼镜的书呆子。

思考

1. 如果给你 100 天时间去完成一个小目标，通过每天的努力与坚持，你相信自己能完成吗？

2. 你从故事中感受到目标与行动之间、行动与规划之间存在哪些内在联系？

生涯智慧谷

每个人都希望自己能够成功，但真正成功的人很少。成功的人有目标、有计划，更重要的是，他们为之实施了行动，并且有坚强的意志。如果没有行动，无论你的理想多么伟大，眼光多么超前，都会一事无成。行动具有极强的激励作用，一旦行动起来，你就会不断获取新知，实现目标，这会大大激发你的斗志，使你不断超越自我、超越他人。学涯目标需要在不同的行动路径及策略配合下才能得以实现。

制订行动方案是实现目标的重要保证。行动方案由哪些部分组成呢？请阅读下面的资料，并对行动方案的内容进行归纳和整理，然后与大家分享交流。

行动方案主要包含行动目标、行动方法、行动时间、行动步骤、行动管理五个部分。

第一，行动目标。设定一个恰当的目标，有利于促使自己行动起来，更快速地实现目标。设定目标可遵循 SMART 原则，目标不能过于宽泛和主观。衡量一个目标的合理性、有效性，一要看目标是否具体明确；二要看目标是否容易测量；三要看支持系统是否有效；四要看行动措施是否得当；五要看目标有无时效性。

第二，行动方法。以目标思维来指导自己的行动。目标思维是从未来（结果、终点）看现在，是从看到问题到解决问题的思维方式转换，是以终为始的思维方式。

第三，行动时间。要对自己的行动设置开始和完成时间，用时间来约束和管理自己。也就是设定优先级，掌控个人情况，合理利用时间。这就意味着要改掉那些浪费时间的习惯，取消那些没有必要的活动，尝试通过不同的路径寻找最好的方法，最大限度地利用时间。

第四，行动步骤。记录并分析自己把时间都花在哪里了。这样我们可以发现自己在看手机、看影视剧、吃零食、发呆等事情上究竟花了多少时间。然后通过对比，我们就会知道哪些地方该

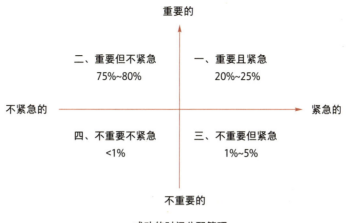

重要的

二、重要但不紧急
75%~80%

一、重要且紧急
20%~25%

不紧急的 → 紧急的

四、不重要不紧急
<1%

三、不重要但紧急
1%~5%

不重要的

成功的时间分配管理

投入精力，哪些地方无意识地浪费了时间，从而可以有意识地去纠正。

调整自己的时间分配，并不时进行跟踪，看看自己对新计划的完成进度，及时优化行动方案。

第五，行动管理。不要做空想家，要做行动者。当你想行动的时候，却总是犹豫，总是拖延，主要原因是你没有建立良好的行动管理模式，没有形成较强的执行力。行动管理是指利用管理学的方法，通过计划、组织、领导、控制等手段，将意图转化为现实的行为管理过程。

方法一：利用时间。进行时间管理的时候，一定要注意利用大块时间来提高效率，避免大块时间被打碎，同时充分利用平时的碎片时间。

方法二：清单提醒。好记性不如烂笔头，编制任务清单，以便随时提醒自己。除了写上任务，还要明确预期结果，有目的才有动力。

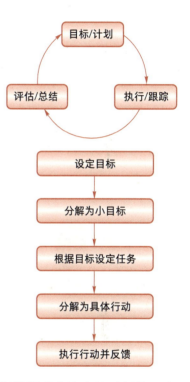

方法三：提高专注力。采用"番茄工作法"。这是一种简单易行的提升专注力的时间管理方法，也是对抗拖延症的"良药"。

做法：选择一个待完成的任务，将番茄时钟设为 25 分钟（也可调节为适合自己的时间长度），专注工作，中途不允许做任何与该任务无关的事，直到番茄时钟响起，然后在纸上画一个"√"，短暂休息一下（5 分钟），每 4 个番茄时段多休息一会儿。这种方法以时间的紧迫感强化人的专注力。

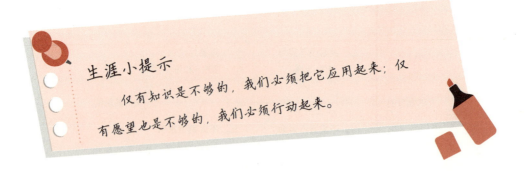

生涯实践地

　　在高考招生录取中，具有综合评价招生资格的高校会选拔一批具有学科特长和创新潜质的优秀学生，给予他们一定的投档及专业录取优惠政策。下图是一位同学参加综合评价招生前为提高自己的学业水平而制订的行动计划，你认为还可以怎样完善？

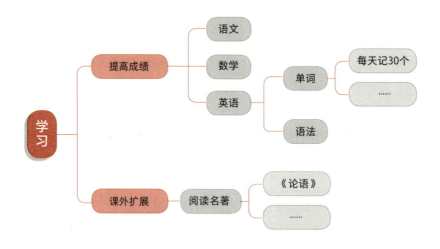

规划行动策略

生涯纵横说

　　明确了目标，理清了方向，知道了行动计划的要素，接下来该怎样形成一个完整的体系呢？下面是一位打算向播音主持方向发展的艺术特长生为自己制订的高中学涯目标与行动路径。

高中学涯目标与行动路径

学涯时间	学涯目标	行动路径
高一	打牢地基，完善基础	● 规范运用普通话，积极投身社团活动，通过学生会、校园广播站等平台，锻炼自己的语言能力和活动执行力。 ● 认真学习文化课，提高文化课分数，以便在高三填报志愿时拥有更大的选择空间。 ● 利用周末、节假日、寒暑假参加课外培训，学习播音发声学的理论知识，以适应播音主持专业考试与创作的需要
高二	夯实基础，专业提升	● 每两个月阅读一本课外书籍，增加文化底蕴，拓宽知识面。 ● 每天早晨起床后去操场练声 30 分钟，每晚面对镜子练习新闻播报，增强对象感。 ● 合理安排作息，努力将文化课成绩保持在年级前列。 ● 每天晚上睡觉前总结一天的收获与不足，形成文字记录。每月进行一次总结，并针对存在的问题及时调整策略
高三	奋起直追，展望高校	● 每周观看几次热门电视节目，并分析主持人在节目中的优点与不足，思考可以在哪些方面进行创新。 ● 文化课成绩稳中求升，坚持每天进行发声练习与睡前反思。 ● 利用周末时间参加课外专业能力提升培训，为参加艺术院校专业考试做好准备。 ● 保持阅读习惯，坚持写读书笔记。 ● 观看优秀主持人经典案例，从模仿入手，学会应变

思考

1. 你是否为自己制订过类似的学涯行动计划？
2. 这位同学制订的高中学涯目标与行动路径带给你哪些启示？

生涯智慧谷

　　我是一棵生长在新时代的小树，今天我很自信，因为我在温暖的阳光下茁壮成长。但我还很稚嫩，因为我的规划还不完善、不充实。要想让梦想变成现实，我必须提前做好风险评估，优化管理方案，制订备选方案。

　　第一，做好风险评估。

　　在前进路上，我可能会遇到一些风险，如学业基础差，考不上理想的大学，或因家庭经济异常而无法继续学业，或因行业发展变动而无法进入自己喜欢的领域等。

　　第二，优化管理方案。

　　（1）做好监督工作，如自我监督以及老师、家长、同学监督，重点是自我监督。每天晚上睡前问问自己：今天我有哪些收获？

　　（2）制订细致计划。学习时，从制订学年计划到制订月计划、周计划、日计划，安排好每天的学习内容；工作时，制订年度工作计划。

（3）做好调整安排。在学习阶段，根据实际情况每半年做一次调整，主要是行动策略的调整；在工作阶段，每年审视一次目标成果，修订工作计划。

第三，制订备选方案。

假如我考上的是专科而不是本科，我依然要继续学习；假如因意外我不能升学，只能直接选择就业，我也要利用业余时间参加函授学习；假如我毕业后未能从事自己想做的工作，其他职业如销售员、社工等也是不错的选择。总之，活到老，学到老。

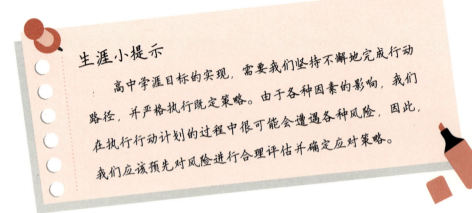

生涯小提示

高中学涯目标的实现，需要我们坚持不懈地完成行动路径，并严格执行既定策略。由于各种因素的影响，我们在执行行动计划的过程中很可能会遭遇各种风险，因此，我们应该预先对风险进行合理评估并确定应对策略。

 生涯实践地

1. 请结合你的学涯目标，制订属于自己的行动路径与策略。

高一学涯目标：

行动路径与策略：

高二学涯目标：

行动路径与策略：

高三学涯目标：

行动路径与策略：

---

2. 与同学交流和讨论风险评估与应对策略在执行行动计划的过程中起到了哪些重要作用。

梦想是美好的，规划是宏伟的，在追梦路上可能遭遇的风险也是不可忽视的

在执行行动计划的过程中，我们要不断总结经验，弥补不足，听取建议，调整策略，借助大家的力量，促进自己更好地学有所成

风险评估	管理方案	备选方案

绘制学涯蓝图

 生涯纵横说

对于高中三年的学涯规划，高一的同学大都处于迷茫和朦胧状态，不清楚未来的发展方向。如果你对自己的未来进行有目的、有计划、有系统的准备与安排，绘制好自己的学涯蓝图，一切就会变得清晰可见。学涯蓝图切忌千篇一律，请你通过系统分析，勾勒出属于自己的学涯蓝图。

关于生涯蓝图的讨论

在生涯课上，老师让全班同学想一想自己心中的学涯蓝图应该由哪几部分构成，或者对绘制学涯蓝图有哪些建议。

A同学：我心中的学涯蓝图代表着我高中三年的目标，蓝图里面已经规划好我三年的学习进程。我只要达到自己的目标，就完成了自己的学涯蓝图。其他版块我认为没有那么重要。

B同学：我认为学涯蓝图应该是多方面的，既包括自我认知、自我探索、目标计划，也包括行动计划和管理措施等，这就是我高中三年的"学习宝典"。

C同学：我觉得学涯蓝图不能局限于学涯，还应该从生涯入手，毕竟我们的目标是实现人生幸福，学涯只是生涯的一小部分而已。我们应该从远处往回推。

D同学：学涯蓝图可能会形成一套固定的模板，但在我看来，我们的学涯蓝图不仅要有固定版块，也需要有创新部分，允许我们个性化地填写。比如，在我的学涯蓝图里，我认为个人认知观很重要，我就会花更多精力在这上面，所以我希望有的版块可以用来记录个性化的内容。

E同学：学涯蓝图应该有大有小，不仅有目标规划、行动路径等大版块，还需要我们从小处关注。比如我们的各种习惯以及各项能力指标。这样有助于我们实现这份蓝图。

F同学：我认为学涯蓝图不应该像以前一样，老是用几页纸记录，我希望可以在网上进行动态记录，这样我们可以随时调整、随时查看，毕竟学涯蓝图也不是一成不变的。

……

老师微笑着总结道：听了同学们的交流，我们可以发现，大家都对学涯蓝图有了一定的理解。每个同学想打造的学涯蓝图都有差异，这很正常，因为规划各有所长，只有适合自己的学涯蓝图才是最理想的。

思考

1. 如果要给学涯蓝图增添自定义版块，你想添些什么？
2. 高中学涯规划可以为我们带来哪些积极影响？

 生涯智慧谷

学涯蓝图一般包含自我评价、环境评价、确定目标、制订行动计划、评估与反馈五个部分。下面是一位生涯规划师在对高一新生及其家长进行生涯规划指导时归纳的学涯蓝图。

模块一：自我评价 (知己)

评估与自己相关的所有因素，如兴趣、个性、学识、情商、道德品质、能力等

模块二：环境评价（知彼）

评估各种环境对自己生涯发展的影响。包括对社会环境、家庭环境、社会关系等的分析，评估环境的特点、发展趋势、需求趋势以及环境对自己的有利条件与不利条件等

模块三：确定目标 (决策)

确定目标是学涯蓝图的核心。目标包括长期目标、中期目标和短期目标。我们还可以通过分解目标，降低目标难度、提高自己执行计划的能力

模块四：制订行动计划（行动）

付诸行动是实现学涯目标的关键环节，因此，必须制订合理的行动计划和具体措施。例如，为达成学习目标，你计划用什么措施提高自己的知识水平？

模块五：评估与反馈 (评估)

要使学涯规划行之有效，就必须不断地对学涯规划进行评估和反馈，有效规避影响学涯规划的各种不利因素，调整规划中不合理的地方

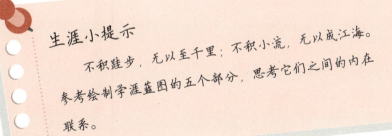

生涯小提示

不积跬步，无以至千里；不积小流，无以成江海。

参考绘制学涯蓝图的五个部分，思考它们之间的内在联系。

生涯实践地

为了实现高中三年的学涯目标，我们一起来制作一份属于自己的学涯规划书。

1. 填写基本情况表。

基本情况表

基本信息						
姓名		性别		民族		年龄	
身高／体重		视力		出生日期			

成长经历					
分类	主要内容	时间	心得与感悟		备注
主要成绩与荣誉					
兴趣与特长学习					
社会实践活动					

家长信息表（家长填写·选填）		
父亲姓名		工作单位	
母亲姓名		工作单位	
与孩子相处的时间段		
与孩子的日常交流话题		
与孩子在学习方面的分歧		
教育孩子的方式		
综合描述		

2. 确定自己的目标，填写行动计划表。

行动计划表

高一学年	第一学期期中	第一学期期末	第二学期期中	第二学期期末
目标 1				
行动路径与策略				
时间				
完成情况				
高二学年	第一学期期中	第一学期期末	第二学期期中	第二学期期末
目标 2				
行动路径与策略				
时间				
完成情况				
高三学年	第一学期期中	第一学期期末	第二学期期中	第二学期期末
目标 3				
行动路径与策略				
时间				
完成情况				

3. 对自己的行动计划和阶段性目标进行评估与反馈。

评估与反馈表

影响计划的风险评估	
应对风险的预案	
目标调整	
行动修正	

计划实施监督	老师	
	家长	
	朋友	
	其他	
目标结果		
完成或未完成的原因		
反思		

以上三个表格整合在一起，就是一份学涯规划书，请与大家交流和分享你的学涯规划书。在执行规划书的过程中，我们需要对其进行必要的调整和完善，坚持不懈地行动会让我们离梦想更近。

生涯管理

生涯是一趟旅程，需要我们具有清晰的发展方向和明确的奋斗目标。但在漫漫人生旅途中，我们难免会遭遇挫折，走一些弯路。每当这个时候，焦虑、烦躁，甚至失望、无助就会扑面袭来。我们应该怎样战胜这些"负能量"，顺利度过高中生涯，完成生涯目标呢？

通过本单元的学习，我们将取得如下收获：第一，知道高中这段旅程需要生涯管理保驾护航，能虚心听取老师、家长、亲朋好友的指导与建议，学会自我管理。第二，懂得人际关系是生涯管理的重点，良好的人际关系能助力我们的生涯发展，能让我们体会到"独行快，众行远"的道理。第三，逐步掌握建立良好人际关系的策略与基本准则，学会与他人友善相处，知道正确处理小情绪是减少负面效应和顺利达成生涯发展目标的重要措施，学会用恰当的方法消除影响自己前行的负性情绪。

lesson
07

第七课
自我生涯管理

我们有了美好的梦想，也对自己的学业进行了全面规划，我们的预期目标就肯定能实现吗？回答是：不一定！为什么呢？

生涯需要管理

生涯纵横说

生涯规划遇挑战，学习计划难执行	高中生秦明和程度各有天赋，秦明物理和化学特别好，立志要做一名飞机工程师。程度从小能言善辩，想学法律，将来当一名律师或者法官。他们都在老师的指导下认真地进行了生涯规划，并且明确制订了学习计划。

秦明规定自己每天必须安排一小时拓展物理和化学知识，完成一份拓展作业。程度规定自己每天必须去图书馆学习一小时，阅读法律方面的书籍。一个月过去了，两个人的计划都没能很好地执行。

秦明学习很认真，可是不太会照顾自己的生活。他常常不好好吃饭，气温变化了也不知道增减衣物。他的寝室乱得一塌糊涂，毛巾很脏也不清洗。有一天，他突发急性胃炎，不得不住院治疗。

有一次，程度在图书馆与管理员发生了一点小摩擦，斗了几句嘴。他气愤地说再也不去图书馆了，学习计划也就此搁置。

思考

1. 试想一下，如果秦明和程度不做出改变，就这样继续发展下去，会怎么样？

2. 如果秦明和程度能提前预知这些情况，并对自己进行有效管理，他们又会怎样呢？

3. 什么是生涯管理？生涯管理对我们的成长有什么意义？

管理是一种工作，它有自己的技巧、工具和方法；管理是一种器官，是赋予组织以生命的、能动的、动态的器官；管理是一门科学，一种系统化的并到处适用的知识；管理也是一种文化。

预想一下秦明和程度的生涯发展在有管理和没有管理的情况下可能出现的状况，并填写在下图中。你从中受到什么启发？

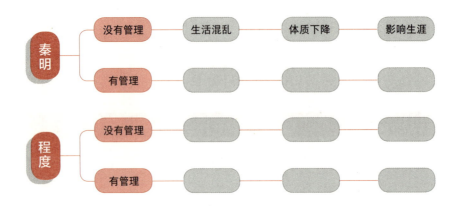

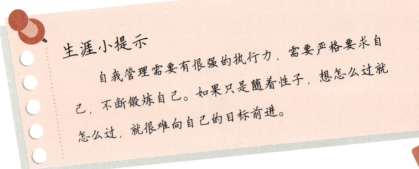

生涯小提示

自我管理需要有很强的执行力，需要严格要求自己，不断锻炼自己。如果只是随着性子，想怎么过就怎么过，就很难向自己的目标前进。

 生涯实践地

1. 阅读下面的材料，思考生涯管理对生涯成功的影响。

为什么你的假期作业要到假期的最后一周才写？为什么你的期中考试错题到期末考试前还没有整理？为什么你的逆袭计划一直停留在思考阶段？……

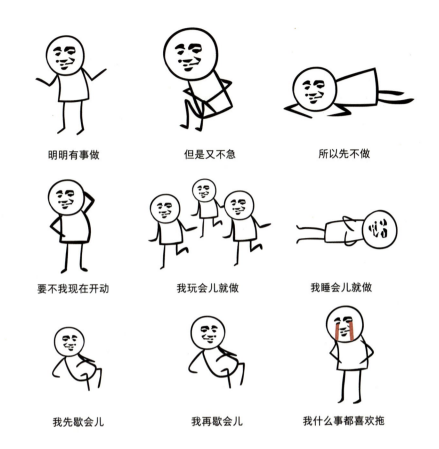

明明有事做　　　　但是又不急　　　　所以先不做

要不我现在开动　　我玩会儿就做　　我睡会儿就做

我先歇会儿　　　　我再歇会儿　　　我什么事都喜欢拖

2. 以"生涯需要管理"为题组织一次演讲活动。演讲者需在 5 分钟内用生动有力的事例或数据说明生涯管理的重要性。

管理面面观

生涯纵横说

用管理助力 计划落实	秦明在接受了生涯规划师的指导后，认识到管理好自己的生活，使自己有一个健康的身体，是生涯成长的必要前提。于是，他给自己重新编制了每日安

排表，就连什么时候吃饭、什么时候锻炼、什么时候睡觉等，他都进行了合理安排。为了保证自己的各项安排能够很好地落实，他在课桌上和床头各贴了一张安排表，并在电子表上设置了重要时间节点的"闹钟"，以便随时提醒自己遵照执行。

程度和老师交流后，发现自己存在冲动、易怒等不良情绪。在老师的帮助下，他坦然面对这些问题，并尝试进行情绪管理。老师告诉他一个小窍门，遇事后先深呼吸三次再做决定，并请求同学提醒他深呼吸。慢慢地，程度觉得，生活中的很多事情并不值得大动干戈，为了自己的生涯目标，那点小事根本不算什么。

1. 秦明和程度分别在哪些方面进行了管理？他们是怎样管理的？这些管理对他们的生涯目标有什么意义？
2. 我们的学习和生活需要进行哪些方面的管理？

 生涯智慧谷

在生活中，我们往往会制订很多计划，但最终认真执行的却很少。其中的原因有很多，有一部分是外部的原因，也有一部分是我们自己内部的原因。加强自我生涯管理有助于我们很好地实施生涯规划，有意识地清除自己生涯道路上的绊脚石。在我们的生涯成长过程中，哪些因素有可能会成为绊脚石呢？

自我生涯管理的范围很广，不同的学者提出了不同的分类方法。需要管理的内容大都是与生涯成长的关联度比较高的。普遍来讲，以下几个方面是非常重要而且需要管理的：目标管理、时间管理、动力管理、压力管理、情绪管理、生活管理、人际关系管理等。不同的管理会产生不同的效能，科学系统的管理可以大大提升效能，反之则会降低效能。

在日常生活中，这样的例子很多，读一读下面这个材料，你一定会有所感悟。

华为手机大家都很熟悉，华为公司的发展之路也是一段传奇。

1987年，华为正式注册成立，主要生产通信设备，是一家名不见经传的小企业。2013年，华为首超全球第一大电信设备商爱立信，排名《财富》世界500强第315位。2019年8月，中华全国工商联合会发布"2019中国民营企业500强"榜单，华为以7 212.02亿元的年营业收入排名第一。2019年6月，"2019年BrandZ全球最具价值品牌100强"正式发布，华为名列第47位。2023年8月2日，美国《财富》杂志发布2023年世界500强排行榜，华为排名第96位，华为成为全球领先的信息与通信技术（ICT）基础设施和智能终端提供商，华为的产品和解决方案已经应用于全球170多个国家和地区，服务全球运营商50强中的45家及全球1/3的人口。全球移动网络开始进入5G发展新阶段。全球5G用户超过15亿，行业应用超过5万个。

华为成功以后，很多人开始研究和分析华为成功的原因，有人说是时代的发展造就了华为，有人说是华为的科技创新能力强，还有人说华为挖掘了大量高科技人才……但华为的创始人任正非说："人才不是华为的核心竞争力，对人才进行管理的能力才是企业的核心竞争力。"一些人还为此专门写了华为管理方面的书，如《华为管理变革》《华为管理法》《华为目标管理法》等。

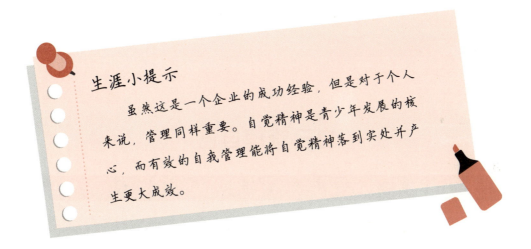

生涯小提示

　　虽然这是一个企业的成功经验，但是对于个人来说，管理同样重要。自觉精神是青少年发展的核心，而有效的自我管理能将自觉精神落到实处并产生更大成效。

 生涯实践地

1. 针对高中生生涯发展的实际情况梳理生涯管理的主要方面。

生涯管理树

2. 你认为自己最需要加强管理的是哪个方面。说说如果不加强这方面的管理，可能会对你的生涯发展产生什么影响。

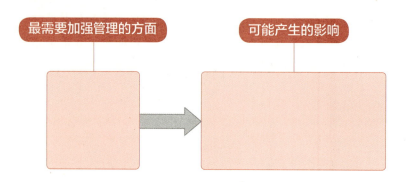

最需要加强管理的方面

可能产生的影响

自己管理自己

 生涯纵横说

自主管理与挑战适应　　秦明从小学开始便受到父母的精心呵护和老师的殷切关怀。每天早晨，秦明的父母做好早饭叫他起床，晚上陪他做完作业，然后陪他在小区里玩，九点多督促他洗漱睡觉。周末，父母除了带他玩，还给他报了两个兴趣班，学习弹钢琴和绘画。天气冷了，母亲准备好衣裤提醒他换，换下来的衣服也都是父母洗好后放到衣柜里。秦明在学校能够做到上课认真听讲，积极回答问题；回到家后，能够认真完成老师布置的作业，每次考试都很优秀。

进入高中后，秦明离开父母的陪伴，明显感到自己的一切似乎都没人管了。吃没吃饭没人过问，交没交作业也没人追究。在自习课上学什么全由自己做主，看着别的同学埋头学习，而自己似乎不知道该学什么。

　　程度的父母因工作需要常年在外，程度的生活由爷爷奶奶照顾。然而，在其他方面，爷爷奶奶并不多加干涉，学习的事情都交给老师。尽管如此，程度凭借自己聪明的头脑，在各方面都发展得不错。

　　进入高中后，程度感觉到时间不够用，一部分原因是学习难度增大了，更糟糕的是他和同学的人际关系紧张，让他觉得很孤独，学习兴趣和动力明显下降。而这一切，他不知道该找谁诉说。

思考

1. 你认为哪些人可以成为你的生涯管理者？
2. 你认为谁才能对你的生涯进行最有效的管理？

生涯智慧谷

　　下面这些材料揭示了未来世界的职业发展变化与自我管理之间的关系，告诉我们加强自我管理是促进我们健康且高质量成长最有效的方式。

　　《论语》提到："君子欲讷于言而敏于行。"这句话强调了实际行动和自我执行的重要性。在职场中，自我管理就是实现个人目标和计划的实际行动，通过敏于行，不断提升自己的能力和价值。

　　随着科技的进步、全球化的加速以及社会经济结构的转变，职业发展日趋多元化、快速化和不确定化。在这样的背景下，自我管理成为个人职业成功的关键要素之一。

　　2013年，英国剑桥大学的一份研究报告指出，在未来的十年到二十年，47%的现有工作会消失。这意味着我们将会看到很多过去没有出现过的新形态工作出现。

　　我们使用人工智能软件，就能在几秒内获得准确率高达90%的法律顾问服务，比起只有70%准确率的真人律师，既便捷又便宜。有人预测，未来世界只需要现在10%的专业律师就够了。

　　未来，自动驾驶汽车可以在公共场所被广泛使用，整个汽车行业都会发生巨大的变化。你可以不用亲自驾驶汽车，用手机软件就能叫来自动驾驶的汽车，让它带你到你想去的地方。由于人工智能软件控制的自动驾驶汽车能降低发生车祸的概率，因此保险费和需要保险的人会大幅减少，保险公司也会面临更多挑战。

　　未来职场充满了不确定性，行业兴衰、职位更迭都可能在一夜之间发生。具备自我管理能力的人能够敏锐地察觉市场趋势，及时调整自己的职业规划和学习方向，以适应新的职业环境。

　　在竞争激烈的职场环境中，仅仅具备专业技能是远远不够的。老子在《道德经》中主张"自知者明，自胜者强"。这意味着只有了解自己、战胜自己的人才是真正的强者。在职业发展中，自我管理就是对自己进行深度了解和自我提升的过程，就是通过自知之明和自胜之力不断超越自我，实现职业成功。

自我管理者能够通过有效的时间管理和任务分配提高工作效率；通过情绪管理和压力调节保持良好的工作状态；通过人际关系管理和沟通技巧建立广泛的人脉网络。这些非专业技能同样对职业成功至关重要，有时甚至能起到决定性作用。

学者们对自我职业生涯管理给出了定义，如龙立荣将自我职业生涯管理界定为：在组织环境下，由员工自己主动实施的、用于提升个人竞争力的一系列方法和措施。国内外很多研究表明，自我职业生涯管理对员工的职业成功有显著正向影响。

一位优秀的中学生总结出自我管理的七个金点子，下面与大家分享一下。

金点子一：管理好自己的态度，改"要我学"为"我要学"。

金点子二：管理好安全，时刻让自己远离危险。

金点子三：管理好心情，与不良情绪说"再见"。

金点子四：管理好欲望，敢对不良诱惑说"不"。

金点子五：管理好语言，学会三思而后言。

金点子六：管理好行为，学做行动的"巨人"。

金点子七：管理好人际关系，越能读懂人性，越能赢得人心。

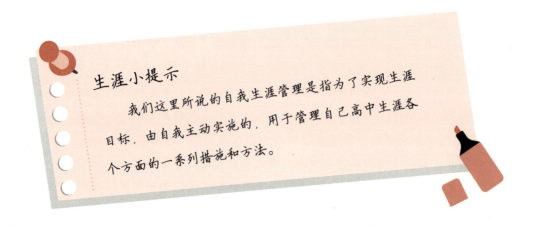

生涯小提示
　　我们这里所说的自我生涯管理是指为了实现生涯目标，由自我主动实施的，用于管理自己高中生涯各个方面的一系列措施和方法。

 生涯实践地

1. 有研究表明，影响成功的因素中内因占 80%，外因占 20%。请你结合自己的生涯经历，谈谈自我管理在你的生涯发展中起到过哪些作用。

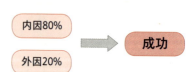

内因80%
外因20%
成功

2. 在不同的人生阶段，我们生涯的管理者会产生变化，不同的管理阶段、不同的管理者产生的管理效能也会不一样。回顾自己过去的人生，你认为哪些生涯管理者对你的生涯发展起了作用？起了多大作用？预测自己未来的人生，你认为哪些生涯管理者会对你的生涯发展起作用？能起多大作用？试着完善下表。

不同生涯管理者的管理效能比较

生涯阶段	生涯管理者	管理效能（分别用百分率表示）
幼儿	父母	
小学	父母、老师、同学	
初中	父母、老师、同学、自己	
高中		
大学		
入职	父母、上级、自己	
生涯发展期		

3. 自律是个人依靠自我控制、自我管理来约束自我行为的手段。他律是指除本体外的行为个体或群体对本体的直接约束和控制。自律和他律，谁更重要呢？大家可以选择自己支持的观点，分成两方进行一次辩论。

正方　　　　　　　　反方

我认为他律更重要　与　我认为自律更重要

08

第八课
人际交往管理

出门前爸妈的叮咛还在脑海中回响，到学校后老师的谆谆教导开始在教室回荡，与同学朝夕相处有欢乐也有分歧……在生涯旅程中，我们每天都有意或无意地与周围的人发生着联系，我们应该怎么看待和处理这些关系呢？

以良好人际关系助力生涯发展

 生涯纵横说

在高中生活中，我们的人际关系相对比较单纯，主要体现在与父母、老师、同学的交往方面。在这些交往中，我们需要建立一个良好的关系网。为什么呢？下面我们来讨论一下。

王瑞的宿舍生活：人际关系的挑战与抉择	王瑞以优异成绩考上了重点高中。开学了，父亲将他送到学生寝室，一再叮嘱他要和寝室的同学搞好关系，这样生活才会愉快，在高中三年中才会有归属感。之后，王瑞时刻提醒自己要记住父亲的话，但是由于和寝室的另一名同学对一些事情的看法相差甚远，他们经常斗嘴，彼此不服气，互相看不起，矛盾时有发生。但这位同学比王瑞更会处理人际关系，寝室的其他同学都站到了他的一边。慢慢地，王瑞和寝室同学的关系变得越来越紧张，其他人都不理解他、不信任他，少数同学甚至还奚落他。而那位同学整天都过得很开心、很快乐，看到这一切，王瑞既感到无能为力又十分伤心，越来越想不通，一度产生了退学的念头。

 思考

1. 不良的同学关系给王瑞带来了什么？你从中受到什么启发？
2. 人际交往的重要性主要体现在哪些地方？

人际关系是指什么呢？人际关系既指人们相互进行信息沟通、思想交流、情感表达的互动过程，又指人与人之间形成的一种比较稳定的、静态的心理关系。

高中生的人际关系主要表现在家庭关系、师生关系、同伴关系三个方面。

第一，家庭关系。家庭是个人人际交往的起点，从呱呱坠地的那一刻起，父母与我们之间的人际关系便开始了。这种人际关系是以血缘关系为纽带的、最为亲密的关系，也是交往频率最高、持续时间最长的关系。与父母相处得是否融洽会直接影响我们的学习、生活以及其他人际关系的发展。

第二，师生关系。除父母之外，老师和我们的关系也非常密切。我们和老师因为教与学这一纽带而形成师生关系，但是，师生关系不只发生在课堂上，而且体现在学校的各种活动之中。老师是我们学习、生活上的引导者和帮助者，是我们人生路上的引路者，是我们行为表现的监督者。

第三，同伴关系。同伴关系是同龄人或心理发展水平相当的人在交往过程中建立和发展起来的一种人际关系。我们会倾向于和自己类似的同伴交往，在交往过程中，通过良好的交往技能和自身的优秀品质获得对方认可。良好的同伴关系能够使人心情舒畅，对我们的学习有很大的促进作用。

高中生正处于学习知识和技能、了解社会和探索人生的重要发展阶段。进入高中后，人与人之间的交往更加频繁，人与人之间的关系更加密切。

良好的人际交往能力有哪些作用呢？

作用一，良好的人际交往能力有助于我们获得知识，提高技能，提升综合素质。随着信息技术的不断发展，我们获取知识和信息的渠道越来越广泛，人际交往已成为获得更多新知识的有效途径。而且在人际交往过程中，思维火花的碰撞有利于我们拓展思维、启迪智慧。

作用二，良好的人际交往能力有利于我们心理健康发展，有利于我们产生积极情绪，形成开朗的性格和乐观的生活态度。良好的人际交往能力会让我们感到自己被他人认可，使我们的自尊心得到满足，使我们的自信心得到增强。

作用三，良好的人际交往能力能促进我们的社会化进程，可以帮助我们初步认识社会，了解社会，掌握与人交往的技巧和艺术，学会辨别真假美丑，为顺利融入社会奠定基础。而且在市场经济条件下，良好的人际关系已成为一种重要的资源。

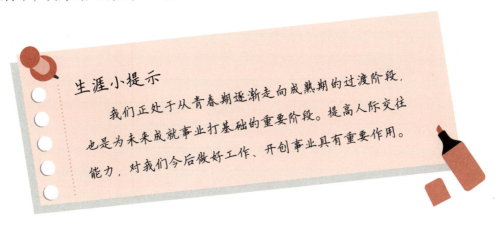

生涯小提示

我们正处于从青春期逐渐走向成熟期的过渡阶段，也是为未来成就事业打基础的重要阶段。提高人际交往能力，对我们今后做好工作、开创事业具有重要作用。

1. 读一读下面这则消息，谈谈你的感受。

　　某著名大学曾开展过一项调查研究，主要内容是"怎样才能使生活快乐"。这项研究持续了75年，追踪了724名不同背景的男性，记录他们的工作情况、健康情况、家庭情况等重要信息。经过长年的跟踪，研究人员得出一个结论：真正使人们生活快乐的并不是财富和名利，而是良好的人际关系。

2. 回忆生活中一次良好的人际交往情形，想想这次交往给你后来的生活带来了什么影响。

　　　　　　　　　　　　　　　　一次良好的交往

　　我与＿＿＿＿＿＿的交往

　　我们交往的点点滴滴：＿＿＿＿＿＿＿＿＿＿＿＿＿＿＿＿＿＿＿＿＿＿＿

　　＿＿＿＿＿＿＿＿＿＿＿＿＿＿＿＿＿＿＿＿＿＿＿＿＿＿＿＿＿＿＿＿＿

　　＿＿＿＿＿＿＿＿＿＿＿＿＿＿＿＿＿＿＿＿＿＿＿＿＿＿＿＿＿＿＿＿＿

　　＿＿＿＿＿＿＿＿＿＿＿＿＿＿＿＿＿＿＿＿＿＿＿＿＿＿＿＿＿＿＿＿＿

　　＿＿＿＿＿＿＿＿＿＿＿＿＿＿＿＿＿＿＿＿＿＿＿＿＿＿＿＿＿＿＿＿＿

　　我的感悟：＿＿＿＿＿＿＿＿＿＿＿＿＿＿＿＿＿＿＿＿＿＿＿＿＿＿＿＿

　　＿＿＿＿＿＿＿＿＿＿＿＿＿＿＿＿＿＿＿＿＿＿＿＿＿＿＿＿＿＿＿＿＿

　　＿＿＿＿＿＿＿＿＿＿＿＿＿＿＿＿＿＿＿＿＿＿＿＿＿＿＿＿＿＿＿＿＿

建立良好人际关系有策略

生涯纵横说

爱人者恒爱之，敬人者恒敬之。在人际交往中，我们会遇到各种各样的人和事，那么，要想赢得他人的尊重和喜爱并建立良好人际关系有哪些策略呢？

小张宿舍生活的烦恼	刚上高一的小张遇到一些困扰，宿舍中有两个人让他反感。一个男生特别爱听音乐，他一回到寝室，就把手机的声音开得很大，吵得人心烦。另一个男生喜欢在网上看小说，特别是晚上熄灯之后，他的手机发出明晃晃的光，让人难以入睡。小张生气地与他们吵了几次，但没有什么效果。他自己也试了好多办法：戴上眼罩，用耳塞塞住耳朵，用被子捂住脑袋……结果都不管用。"真不知道三年下来会不会被他们逼疯。"小张经常对自己说。

思考

1. 你遇到过类似的麻烦吗？有什么方法可以解决呢？
2. 建立良好人际关系有哪些策略？

生涯智慧谷

我们在与家人、老师和同学的交往中可以从多个方面去努力，让良好人际关系助力自己的成长。建立良好人际关系有很多好策略，我们不妨听听老师的建议。

第一，不打听别人的隐私，不在背后批评他人，不说同学的坏话，不加入小圈子，不传播小道消息。

第二，善于听取他人的意见，学会保留意见，过分争执既无益于自己又有失涵养。

第三，多学习别人的长处，弥补自己的不足。把朋友当成老师。将有用的学识和幽默的语言融合在一起，你所说的话一定会受到赞扬，你听到的一定是学问。

第四，要"合群"，与他人通过心理上的相容来保持平等的交往和相处关系，也就是通常所说的"合得来"。即使你不喜欢他人的生活方式或习惯，最好也尊重他们并平等相待，切不要鄙视。不要认为与比自己身份低的人交往有失体面。其实，"布衣之交"最贴心、最牢靠，对自己也最有益处。

第五，不失信于人，因为失去他人的信任，是你最大的损失。要避免说大话，要说到做到，做不到的宁可不说。

第六，要善于理解，"理解能博万人心"。在人际交往中，理解是交际的基础，人与人之间只有充分理解，才能彼此心心相印、情投意合。

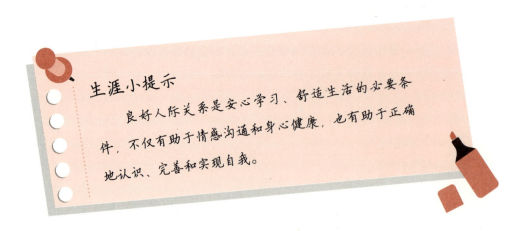

生涯小提示

良好人际关系是安心学习、舒适生活的必要条件，不仅有助于情感沟通和身心健康，也有助于正确地认识、完善和实现自我。

 生涯实践地

1. 阅读下面两件"小事"，与同学讨论后面的问题。

同住一个寝室的王芳和张芬因一件小事闹翻了。不久王芳就意识到了自己的不对，她很想主动与张芬和好，可是她担心这样做会使自己没面子，因此很纠结。直到毕业，两人也"不相往来"。

小夏说，她妈妈整天唠叨，就好像总是充满不信任，"上课有没有认真听讲？""有没有和男生一起玩？""这次月考成绩有没有下降？"现在小夏一听到妈妈唠叨就感到很烦躁，就把自己锁在屋里，还在耳朵里塞上小纸团。

你遇到过类似情况吗？如果遇到过，你是怎么处理的？如果处理不好会带来哪些后果？

2. 你是怎样进行人际交往的？试着举几个例子，并对采用的方法进行反思。

案例	反思

案例	反思

友善是建立良好人际关系的基本准则

 生涯纵横说

　　社会主义核心价值观倡导的友善，是新时代我们处理人际关系的基本价值准则，也是我们建设和谐家园、实现民族梦想的重要精神条件和价值支撑。在人际交往中，我们必须坚守一个交往的核心——友善。

太阳和北风的故事	太阳和北风争论究竟哪个更有力量。它们看到一位穿着棉衣的老人，就打赌说："谁能让老人把外套脱下来，就承认谁的力量大。"北风使劲地向老人吹去，想把老人的外套吹下来。可是它越吹，老人把外套裹得越紧。北风吹累了，只好认输。太阳从云后面露出来，将温暖的阳光洒在老人身上。没多久老人就出汗了，并把外套脱了下来。太阳笑着对北风说："温暖往往比强硬更能达到良好的效果。"

思考

1. 从这个寓言故事中你感受到了什么？你受到了哪些启发？
2. 在建立良好人际关系的过程中友善有什么作用？

友善是生涯幸福的基础，我们要在高中阶段践行友善，唱好友善人生"四部曲"，建构良好的人际关系。

第一部曲：善待自己

给自己必胜的信念，给自己阳光的心态，发挥自己的优势，正视自己的不足。拥有目标，不要在迷茫中沉沦。没有一如既往的顺利，只有磕磕绊绊的成功。人一生中最大的敌人是自己，最无法战胜的是自己的内心，别让人生只剩下"逃避"二字。只有历经磨难，才能体会到获得成功的喜悦；只有拥抱痛苦，才能体会幸福。一切皆有可能，信心就是保证，丢掉自卑，让自信的阳光洒满心房，让生活充满奇迹。做最好的自己，不断激励自己，为自己喝彩

第二部曲：善待同学

与同学真诚地交往，给同学友好的帮助，以平等为基础，在共同的学习生活中取长补短，共同进步。学会商量和讨论，学会等待和忍耐，学会退让和妥协，学会忠诚和守信，学会宽容和信任，学会说明和劝告，学会倾听和接纳。在与同学的相互支持和合作中收获成长

第三部曲：善待师长

给老师深情的尊重，尊重老师的劳动成果，认真听取老师的教导，感谢老师的辛勤付出。尊敬老师，对老师有礼貌，不忘师恩，永远铭记

第四部曲：善待家人

给家人最亲近的爱，给家人最真挚的情。担当家庭责任，关心孝敬父母。多与父母沟通，用实际行动回报父母对自己的爱，用实际行动为家庭添温暖

生涯小提示

友善具有强大的力量，有助于我们建立良好的人际关系。常言道："良言一句三冬暖，恶语伤人六月寒。"友善交流的态度，与人为善的宽厚，可以增进人与人之间的情感交流，提升人际和谐度，改善社会不良风气，维护社会稳定。友善是中华民族千百年来形成的基本

传统美德，我国传统文化中有大量关于和谐友善思想的论述。比如，《论语·学而》中的"礼之用，和为贵"，强调以一种和谐友善的态度对待自然、社会和他人，以一种宽广的胸怀来处理各种关系；《周易》中的"地势坤，君子以厚德载物"，表现出一种器量宏大的宽广胸怀。友善作为公民应当坚守的社会主义核心价值观之一，它在化解社会张力、调整社会心态、营造社会和谐的实践中具有基础性地位。

 生涯实践地

1. 如果请你以"友善是建立良好人际关系的根本"为题目进行一次演讲，你准备怎么讲？写一写提纲，然后与大家交流。

与人交往不能口是心非

人际交往并不意味无原则地退让

……

2. 讨论：在下列两个事例中，如果我们用友善之心去解决矛盾会给自己的人际关系带来什么影响？反之会有什么结果？设想一下，如果长期坚持用不良的心态对待一些问题会有什么后果？会给人的生涯发展带来什么影响？

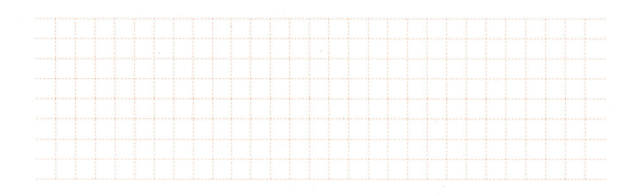

事例1：王兰和张婧原来是同一所初中的同学，她们同时考入同一所高中并被分到同一个班，还是同寝室的室友。王兰平时的学习成绩比张婧好一些，因此自认为张婧各方面都不如自己。但让王兰"没料到"的是，张婧由于品行端正、活泼大方、善于与人为友且乐于助人，因此被大家选为班干部

A. 王兰友善对待，向张婧表示祝贺

B. 王兰心怀不满，背着张婧说她的坏话

事例2：学校不允许学生在校园内携带和使用手机。郭东初中时的好朋友从国外回来了，为了与好友保持联系，郭东在学校谎称自己没带手机，所以没把手机上交。上晚自习时，他偷偷拿出手机，准备看微信，恰巧被班主任发现。班主任把他的手机没收了，对他进行了批评

A. 郭东虽然觉得老师的做法不妥，但认为老师是为自己好，准备与老师交流沟通

B. 郭东觉得老师不通情理，对人太苛刻，所以不喜欢他，以后上他的课也不愿意认真听了

Lesson 09

第九课 情绪管理

　　有同学说，不知为什么有时候会觉得心情不好、不想说话、不想见人、不想学习。这其实是情绪在作怪，人生不如意事十之八九，每个人都会遇到或多或少的烦恼：新学期的不适应、学习中的难题、交往中的冲突……当烦恼来临时，我们是惊慌失措，还是理性面对呢？

应对不适应

 生涯纵横说

　　为促进高一新生更好地适应高中生活，学校组织了一次交流会，高一新生纷纷提出自己现阶段遇到的难题，并向高年级学生寻求解答和帮助。

高中生活的新挑战	高一（1）班的许明非常无奈地说："高中的科目可真多！作业也相应增多了，我每天写作业都手忙脚乱。我很喜欢历史，但据说学历史今后不好找工作，我该怎么选择呢？" 　　高一（3）班的李乐随声附和："对对对，我也有这样的感觉，不过等选完科应该就能缓解了。可是据说新高考实行的'3+1+2'选科模式有12种组合，我的天啊！到底选哪种组合才是明智之举？万一没选好怎么办？光想想都觉得惶恐。" 　　"我的情况不太一样。"高一（6）班的徐兴接着说，"我感觉高中的友谊不像初中的那么纯真了，大家都各忙各的，都有自己的事情，我经常想念初中的同学和老师。"

 思考

　　1. 以上同学在新环境中遇到的一些不适应问题，你遇到过吗？除了这些问题以外，你还遇到过哪些不适应问题？

　　2. 当烦恼的问题出现时，你通常会产生哪些情绪？

　　3. 情绪管理对生涯发展有哪些意义和价值？

生涯智慧谷

　　情绪管理对所有人来说都很重要，积极愉悦的情绪与个人幸福感紧密相连。幸福感是一种心理感受，没有积极愉悦的情绪感受，幸福感就无从谈起。良好人际关系是幸福感的重要来源，而情绪管理能力又是影响人际关系的重要因素。

　　当我们在学习或生活中遭受了挫折、遇到了困难，或者不能适应新的生活与环境时，我们就会产生负性情绪。如果负性情绪不断积累，就会阻碍我们的日常生活有序进行。然而情绪无所谓好坏，因为负性情绪也有存在的意义，它会提示我们可能遇到了危险，或者有些东西影响到了我们的安全。但是如果我们长期被负性情绪困扰，就有可能损害身心健康。

　　对待负性情绪一般有三个步骤：

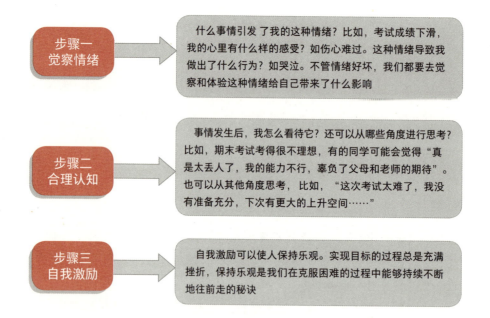

步骤一 觉察情绪	什么事情引发了我的这种情绪？比如，考试成绩下滑，我的心里有什么样的感受？如伤心难过。这种情绪导致我做出了什么行为？如哭泣。不管情绪好坏，我们都要去觉察和体验这种情绪给自己带来了什么影响
步骤二 合理认知	事情发生后，我怎么看待它？还可以从哪些角度进行思考？比如，期末考试考得很不理想，有的同学可能会觉得"真是太丢人了，我的能力不行，辜负了父母和老师的期待"。也可以从其他角度思考，比如，"这次考试太难了，我没有准备充分，下次有更大的上升空间……"
步骤三 自我激励	自我激励可以使人保持乐观。实现目标的过程总是充满挫折，保持乐观是我们在克服困难的过程中能够持续不断地往前走的秘诀

　　心理学有一个情绪 ABC 理论。这个理论认为，诱发事件 A（activating event）只是引发情绪和行为结果 C（consequence）的间接原因，而引起结果 C 的直接原因是个体因对诱发事件 A 的认知和评价而产生的信念 B（belief）。

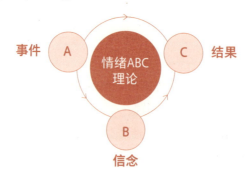

事件 **A** 　情绪ABC理论　 **C** 结果

B

信念

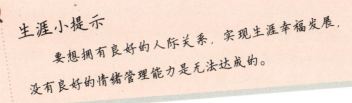

生涯小提示

要想拥有良好的人际关系，实现生涯幸福发展，没有良好的情绪管理能力是无法达成的。

生涯实践地

在一天结束之前，我们可以有意识地留意并记录自己的情绪体验。以事件、我的想法、其他想法、最终行为等项目为主要内容，制作一张情绪记录表，然后运用情绪 ABC 理论的方法调整自己对事件的看法。

事件	我的想法	其他想法	最终行为

我的小确幸

生涯纵横说

李乐的不幸与万幸　　李乐暑假勤工俭学，到一个餐厅打工。他既能吃苦又很勤快，很快就适应了这份工作。

一次李乐在上班路上乘坐的公交车坏了，当他赶到餐厅时，已经迟到了半小时，而且被经理逮个正着。经理对他劈头盖脸地一阵训斥，李乐一言不发。他心里愤愤不平：我又不是故意迟到的。虽然窝火，但工作还得做。在一次上菜的时候，他不小心把汤汁洒到顾客手上；收餐具时，脚底一滑，摔了一跤；就连饭菜也跟他作对，吃饭时被狠狠地噎了一口。

走在回家的路上，李乐不禁感叹道："真是倒霉的一天！"正在这时，一辆大货车突然驶向李乐，急促的喇叭声让李乐顿时警醒，他一个侧身，惊险地与大货车擦身而过。原来这辆车刹车失灵，最后撞到旁边的一根柱子才停下来。李乐被吓得心脏怦怦直跳，一整天的不开心瞬间烟消云散，此刻他只剩下一个念头：幸好我还活着。

思考

1. 李乐在"倒霉"的一天中有哪些情绪体验？
2. 为什么他躲过大货车后，之前的负性情绪都烟消云散了？

生涯智慧谷

情绪反应是人的本能反应，每个人都有这种能力，但有效控制或者管理情绪很难。学会接纳是管理情绪的有效方法之一。比如，当一个人因成绩下降而感到自责和沮丧时，往往会为了弥补自己的不足而选择怀着自责和沮丧的心情坚持学习，此时可能会因为学习效率和质量大大降低而陷入不良情绪的恶性循环。若此时我们能先调整一下情绪，接纳自己的成绩发生起伏的现状，带着良好的心态学习，就会很快摆脱恶性循环。在日常学习和生活中，我们可以通过以下两点去学会接纳情绪。

1. 意识到情绪和事件的一致性

我们表现出来的情绪要与遇到的事情呈现一致性。比如，被老师批评了，难过是正常的；被朋友欺骗了，愤怒是正常的；考试时遇到难题，紧张是正常的。所以，当情绪反应符合客观事实时，我们要第一时间告诉自己：我现在的情绪是正常的。试想，当你被批评、被欺骗时，反而表现出愉悦的情绪，那才是不正常的。

2. 感受理所当然的好事

塞翁失马，焉知非福。任何事物都具有两面性，影响我们情绪的往往不是事情本身，而是我们对它的看法。当不好的事情发生时，同时也有其他的好事情在发生。如果我们只把注意力集中在不好的事情上，就很容易陷入负性情绪的恶性循环，从而忽略身边其他美好的事情。

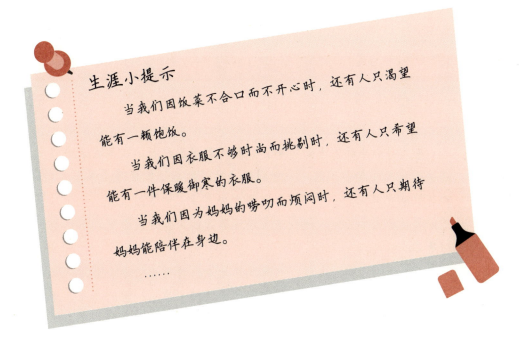

生涯小提示

当我们因饭菜不合口而不开心时，还有人只渴望能有一顿饱饭。

当我们因衣服不够时尚而挑剔时，还有人只希望能有一件保暖御寒的衣服。

当我们因为妈妈的唠叨而烦闷时，还有人只期待妈妈能陪伴在身边。

......

生涯实践地

当引发负性情绪的事情出现时，我们应该分析这件事情发生的背后隐含了哪些容易被我们忽略的好事，并将其变成自己思考的习惯。比如，考试成绩下滑容易让人产生难过的情绪，可是这背后仍然可能有好事，如老师会更关心我的学习，我还有考好的机会，我可以及时找出自己的不足……这样做可以帮助我们意识到生活中虽有许多不如意，但仍然有很多值得我们欣慰、珍惜和感激的"小确幸"。

试着让自己坚持一周，看看这个习惯能给自己带来多少改变。

时间	一件坏事	好事1	好事2	好事3
周一				
周二				
周三				
周四				
周五				

冲动是魔鬼

生活中的
"踢猫效应"

某公司董事长忙于公司事务，每天都早出晚归。在某天上班路上，一只猫突然跳到他的车前，他一个急刹车，后面的车子就撞了上来。他觉得很倒霉，就和后车的司机大吵了一架。回到办公室后，他依然很愤怒，此时销售部经理正好路过他的办公室，想到这位经理昨天的工作还没做完，就把他叫到办公室训斥了一番。

销售部经理挨训之后，气急败坏地走出董事长的办公室，将秘书叫到自己的办公室并对其一顿挑剔。秘书无缘无故被人挑剔，自然是一肚子气，就故意找接线员的茬儿。接线员无可奈何地回到家，对着自己的儿子大发雷霆。儿子莫名其妙地被父亲痛斥之后，也很恼火，便对自己家里的猫狠狠地踢了一脚，猫受到惊吓后仓皇而逃，跑到了马路上……

思考

1. 生活中为什么会出现"踢猫效应"？
2. 我们该如何避免生活中的冲动？

 生涯智慧谷

当我们被某件事情激怒时，就很容易草率地产生一些不恰当的行为，这些行为通常于己于人都是不利的。情绪具有传染性，平时一些小小的不良情绪反应，如果任其不断累积和发展，最后带来的危害很可能难以估计。如果我们在遇事时能保持冷静，缓一缓再做决定，就能避免很多危害。

当我们遇到一件事的时候，最先激发的就是情绪，等过了几秒以后，理智才开始起作用，这个时间差称为理智空白期。在理智空白期，我们整个人会被情绪完全控制，如果任其发展，就容易冲动。此时，我们可以通过 STOP 情绪控制技术来控制自己的冲动行为。STOP 情绪控制技术具体包括四个步骤，即暂停（S）、呼吸（T）、觉察（O）和继续（P）。

字母 S（stop）表示"暂停"。在面对冲突或挑衅时，我们可能会感到烦躁，甚至恼怒。这时先停下来，给自己一点时间和空间，在决定采取行动之前冷静一下。

字母 T（take a breath）表示"呼吸"。停下来之后，做三次深呼吸，情绪一般会缓和一点，我们也就不会那么冲动了。

字母 O（observe）表示"觉察"。把自己和身体感觉分开，试着用一种客观的态度提醒自己，是身体的感觉不舒服，不是我很糟糕；是胸口感觉很堵，我不是一个差劲的人；感觉不完全等于我自己，它只是一个变化的过程。作为一个旁观者去觉察、去接受这个情绪的存在。

字母是 P（proceed）表示"继续"。当我们完成以上三个步骤后，会很惊讶地发现，刚才糟糕的情绪好多了。此时如果我们再放慢语速，降低音量，对方往往也会受到影响，不知不觉地把语速和语调降下来。双方的情绪控制住了，关系也就改善了，原来的冲突也就自然而然缓和了。

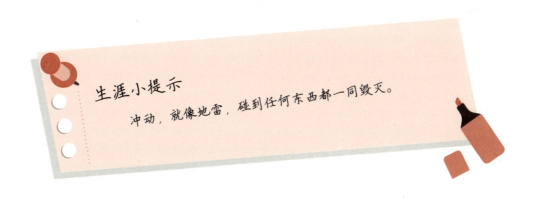

生涯小提示

冲动，就像地雷，碰到任何东西都一同毁灭。

 生涯实践地

1. 请同学们以小组为单位，选择下列情形之一，自由发挥，开展想象，设计故事结局，和同学合作进行表演，然后开展讨论。

A. 自习课时，后排同学向你请教一个题目，你转身去告诉他，恰巧这时候班主任过来了，以为你是在聊天，不由分说地把你训了一顿。这时你脸色一变，书一摔……

B. 中午放学的铃声响了，你飞一般地往外冲，刚好踩到另一位同学的脚，这个同学瞪你一眼："没长眼睛啊！"你听后立刻怒气冲天地朝这名同学走去，拽住这位同学胸前的衣服……

C. 某次考试前夜，你复习到很晚，睡觉前顺手把手机放到口袋里。考试前老师宣布考场纪律，不能带手机进入考场，如有违反，就算作弊。你忘记了手机还在口袋里，结果考试的时候，手机响起了一阵刺耳的铃声，老师走向了你……

2. 回忆一次自己冲动的情形，想一想，如何使用 STOP 情绪控制技术进行处理。

起因

原来的处理	STOP
	S
	T
	O
	P

生涯成长

4

　　成长有两方面的含义，一是生命的成长，这是生命的必然规律，生命不息，成长不止；二是生涯的成长，成长过程伴随着生涯选择、规划和管理。你对自己的生涯成长满意吗？

　　通过本单元的学习，我们将了解更多关于生涯成长的知识。第一，生命的成长遵循着一定的内在规律，我们要发现成长的顺序，合理规划成长路径，制作自己的成长"存单"，并详细记录自己的成长过程。第二，成长需要回顾、整理和理清一路走过的生涯历程。我们会收获成长的喜悦与满足。不断总结经验有助于我们圆满度过高中生涯。第三，不一样的成长有不一样的幸福，每个人都是独一无二的，每个人的成长都不可复制。悦纳自己的成长历程，绽放自己的精彩，是我们在看待成长时最重要的着眼点。"天生我材必有用"，以开放、自信、乐观的精神来审视成长，我们会发现，成长的精彩已悄然绽放。

第十课
探索成长的奥秘

日月如梭，岁月如歌，时间一天天过去，你还记得刚进高中时的情景吗？还记得在高中这段时间里自己做了什么吗？如果再给你一次选择的机会，你会不会做得更好？你一定会说：肯定啊！为什么呢？因为我每天都在成长！关于成长，同学们，你们怎么想？

成长有规律

 生涯纵横说

不同生命成长的规律

万物成长都有一定的规律，不同生命的成长蕴含着同样的规律。

片段一：植物的成长

在大自然中，许多种子开始萌芽，娇嫩的幼苗吸收阳光、水分，不断长大，抽枝散叶，变得茂盛。通过根茎叶等营养器官，植物能自行吸收营养，进行光合作用，累积养料，朝着成熟植株生长。再后来，一些植物开出花朵，花朵凋谢后又长出果实。一棵棵小草逐渐发展为一片广袤的草原，一棵棵小树逐渐发展为一片茂密的森林。

片段二：熊猫从出生至 100 天的成长

可爱的国宝大熊猫，天生就只能拍黑白照吗？其实，刚出生的熊猫宝宝特别小，是粉粉嫩嫩的，就连黑眼圈都只有豌豆大小，我们的手掌对它来说就是一张小床。然而每天它都会发生一些变化，100 天，"小粉团"就长成了黑白分明的萌宠宝宝。

片段三：钟乳石的形成

著名作家碧野在《富春江畔·"冰壶"与"双龙"》中写道："洞内到处都是钟乳石，湿润清新，有的像玉柱从顶垂直到地，有的像雨云倒悬空中，有的像白浪滔滔、波涌连天，真是气象万千，蔚为奇观。"钟乳石，又称石钟乳，由碳酸钙和其他矿物质沉积形成，每一块钟乳石都开始于载有矿物的水滴。钟乳石平均每年增长 0.13 毫米，但如果水溶液中富含碳酸钙和二氧化碳，并且流动很快，每年则可以增长 3 毫米。那些溶洞内的钟乳石，往往是上万年甚至几十万年"生长"成的。

片段四：《家有儿女》

《家有儿女》是一部国产情景喜剧，讲述了一个五口之家，夏雪、刘星、夏雨三姐弟和爸爸、妈妈的生活。夏雪，高中学生，成绩优秀，性格独立，自信心很强，有时有点傲气，高考时因 3 分之差与清华大学失之交臂，这是她人生中的第一次大挫折。叛逆，企图整容，都发生在这个曾经的乖乖女、好学生身上。刘星，即将从初中升入高中，聪明机灵，但学习成绩令人头疼；身体精瘦，体育却是他的强项；爱好广泛，但只有三分钟热度；想象力丰富，脑洞新奇，好主意和馊主意都很多；天性追求自由，然而父母的严格管束却成为他生活中难以调和的矛盾。夏雨，……

思考

1. 类似上述生命成长的片段无处不在，请举例说说生命的成长主要体现在哪些方面。

2. 你从上述生命成长的片段中发现了什么？想到了什么？

生涯智慧谷

成长是生命的必然规律，泛指事物走向成熟、摆脱稚嫩的过程。在自然界中，成长主要表现为自然生长；对于人而言，就是长大成人，简而言之，就是自身不断成熟的变化过程。一个人从呱呱坠地开始，每一分每一秒都在成长；一个人生老病死的历程充满着成长的点点滴滴、方方面面。比如，自然属性上的成长，长高、长胖，生理上的成熟，心理和智力上的成长，学识越来越丰富，心理越来越强大；社会属性上的成长，从学生成为职业人，从儿女变成父母，我们会扮演越来越多的社会角色，能够处理越来越复杂的人际关系……

《黄帝内经》指出，自然界有春生、夏长、秋收、冬藏的规律，人类的生命也有生、长、壮、老、死的自然规律。这是生命发展的必然规律。

职业规划大师舒伯认为，人的生涯发展分为五个阶段：成长期、探索期、建立期、维持期和衰退期。他强调既要重视生涯发展的规律，并根据发展阶段安排自己的任务，也要合理塑造生涯发展的过程，使得各个阶段能够如期而至，并符合它们应有的意义。

《现代汉语词典》（第 7 版）对规律的解释是：事物之间的内在的本质联系。这种联系不断重复出现，在一定条件下经常起作用，并且决定着事物必然向着某种趋向发展。对必然的解释是：哲学上指不以人们意志为转移的客观发展规律。

核心素养是关于学生知识、技能、情感、态度、价值观等多方面要求的综合表现；是每一名学生获得成功生活、适应个人终身发展和社会发展都需要的、不可或缺的共同素养。其发展是一个持续终身的过程，可教可学，最初在家庭和学校中培养，随后在一生中不断完善。

中国学生发展核心素养以培养"全面发展的人"为核心，分为文化基础、自主发展、社会参与三个方面，综合表现为人文底蕴、科学精神、学会学习、健康生活、责任担当、实践创新六大素养。各素养之间相互联系、互相补充、相互促进，在不同情境中整体发挥作用。

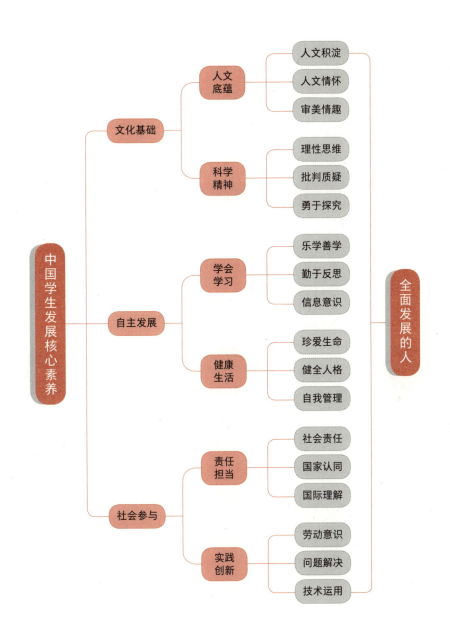

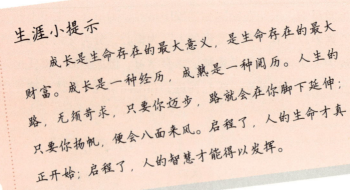

生涯小提示

　　成长是生命存在的最大意义，是生命存在的最大财富。成长是一种经历，成熟是一种阅历。人生的路，无须苛求，只要你迈步，路就会在你脚下延伸；只要你扬帆，便会八面来风。启程了，人的生命才真正开始；启程了，人的智慧才能得以发挥。

生涯实践地

　　开展一个"未来连线"游戏。

　　先请根据图中提供的要素，完成现状、发展方向、未来之间的连线。选择并非唯一，只要合情合理即可。然后选择最喜欢的一组连线，在小组内阐述连线理由，并说说自己的感悟和体验。

现状	发展方向	未来
热爱学习，勤奋刻苦	坚持学业，爱好广泛	成为某领域的专家或学者
脑洞特别大，特别会聊天	到外地读大学，和天南地北的同学一起，大开眼界	跑完第一个半马赛事，身体越来越好
身体素质优秀，能吃苦，十项全能，尤其擅长跳远	当学霸，潜心研学	DIY作品受到赏识，交到志同道合的朋友，考虑要不要创业
酷爱美术，自学画画，无法兼顾文化课，成绩一般	接触电竞，原来玩游戏也能很专业，也能成为职业，还很潮	画画成为自娱自乐的爱好，研究文化艺术，做画展策划人，继续欣赏艺术作品和享受生活
身体不太好，体质弱	请老师辅导，多管齐下，提升绘画技巧，弥补文化课差距	在校级比赛上取得第一，被选入市队，定下目标冲击国家队
成绩不好，但在做实验时总能获得老师的点赞	教练指导，专业训练	出国求学，看看世界

成长我做主

成长是生命存在的必然，是自我价值的探求；成长交织着欢笑与泪水，交替着困惑与清醒；成长是一个不断前行的过程，永无终点。成长是生命的必然规律，这样的必然规律受哪些因素影响？我们又该如何掌控自己的成长呢？

我从小到大都听父母安排，到哪里上学，上什么兴趣班，父母都给我安排好了。我这样的"成长"算是被他们掌控的。其实这样挺好，我比较省心

哈哈哈，我和你正好相反，我想怎样做就怎样做。我想吃什么，去哪儿玩，上什么兴趣班，父母都特别支持我，他们尊重我的选择。如果是一些特别重要的事项，我们会开一个家庭会议，我说自己的想法和计划，父母帮我分析，最后一起做出决定

你们说的都太平常了。其他方面呢？比如时间支配、兴趣发展，都可以自由掌控吗？

我认为成长是可以由自己掌控的，但是会受到各种因素的制约，比如个人期望、经济条件、有没有人帮助和支持、好的机遇等。你家的家庭会议挺有意思！我觉得我们家也可以借鉴

 思考

1. 在你的成长历程中，哪些事是由你自己做主的？
2. 那些你自己做主的事结果怎么样？
3. 哪些事是你认为不能自己做主的？为什么？（分析受限的原因）

 生涯智慧谷

十六七岁是一个人生命成长的关键时期，在这个时期既要提高文化素养，又要开始对自己的人生进行选择规划，自主成长显得越来越重要。怎样才能让我们的自主能力更加强大呢？大家一起来交流一下对"五自"的看法。

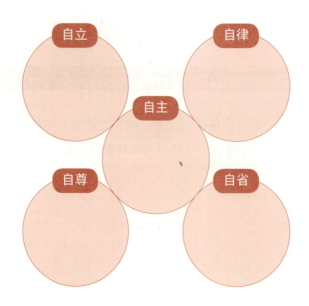

自立　自律
自主
自尊　自省

1. 做一次人物访谈，拜访一位你认为成功的人，分析他或她是怎样掌控自己的成长的。

2. 有人认为："我的人生我做主。"也有人认为："我们还是未成年人，还不具备做主的能力，应该让父母替我们做主。"你支持哪种观点？尝试举办一次小型辩论会。

我的人生我做主

成长是幸福

成长是趋势，成长是规律；成长无时不在，成长属于每一个人；成长没有尽头，成长却有方向；成长受到多种因素影响，成长多种多样……关于成长，我们首先应该感受到的是——幸福！

我的电子成长相册

小冰的爸爸要换新电脑，请小冰帮忙整理电脑里的"家庭影像"文件夹。其中有一个"小冰的成长相册"文件夹吸引了小冰的注意，里面有很多照片、视频和文档备注。她打开几张照片，一些已经被她遗忘的画面又浮现在眼前。

照片1：一个胖嘟嘟的小婴儿

照片配文：小冰满月，今天特别乖，对着亲朋好友们不停地笑，挥舞小手不停地比画。希望你能健康成长，经常这样开心地笑。

照片2：一幅画着水果篮的水彩画。

照片配文：这是妈妈最喜欢的一幅水彩画，老师也夸奖小冰画得好。小冰回答老师：因为画了自己最喜欢吃的水果。但妈妈知道，这源于你对画画的喜爱，还有你每次对水果的仔细观察。希望你在绘画中感受到更多的色彩与丰富的内容，有自己的爱好，不挑食，健康成长。

照片 3：正在跳绳的小姑娘

照片配文：小冰第一次参加年级跳绳比赛，获得第二名。妈妈知道，为了参加这次比赛你练习了很久。妈妈很欣赏你这么自信、这么活泼。这不仅仅是一场比赛，希望你能坚持锻炼，强健体魄，健康成长。

照片 4：大合照

照片配文：小冰第一次跟随志愿者哥哥、姐姐们去敬老院服务，给爷爷、奶奶们分水果，大家都夸小冰懂事能干。那一天，小冰回家后还不停地帮妈妈做这做那，还说能帮助他人，自己也感到很快乐！

哇！小时候有那么多趣事，我原来是这么长大的。看着爸爸妈妈给自己特制的电子成长相册，除了照片，还有清晰的记录、美好的期许，小冰嘴角上扬，开心地笑了，心里充满感动和幸福。

你有这样的成长手册吗？翻开你的影集或者打开朋友圈，分享你的成长小故事，特别是那些让你感受到"小确幸"的成长。

生涯智慧谷

成长中有哪些幸福？下面我们采访一下已经高中毕业的同学们。

小时候什么也不懂，现在我学会了那么多知识，懂得了人生的道理，掌握了一些本领。通过努力，我考上了自己理想的大学。这是成长，也是收获。有收获是幸福的

习近平总书记说："幸福都是奋斗出来的。""奋斗本身就是一种幸福。"我觉得自己这些年没有白过，我还可以奋斗，这就是幸福

高中时，我也经历过一些痛苦，当时特别难受，觉得人生真没意思。现在我走出来了，回过头去看，我要感谢那些带给我痛苦的人和事，是他们让今天的我显得从容而笃定，更加勇敢而坚强。这也是一种另类的幸福

在我的成长过程中，有些人一直在关注我、鼓励我、爱护我，老师、同学、父母……有时候这种爱只是一声轻轻的问候，一个鼓励的眼神，一支递过来的铅笔。正是这些点滴小事让我感受到了幸福

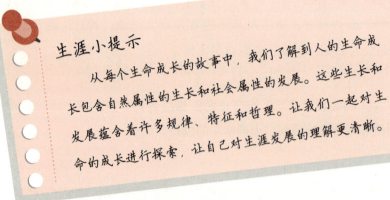

生涯小提示

从每个生命成长的故事中，我们了解到人的生命成长包含自然属性的生长和社会属性的发展。这些生长和发展蕴含着许多规律、特征和哲理。让我们一起对生命的成长进行探索，让自己对生涯发展的理解更清晰。

 生涯实践地

幸福需要用心感受，幸福需要大声表达，幸福也需要精心收藏。你打算用什么方式来收藏幸福呢？

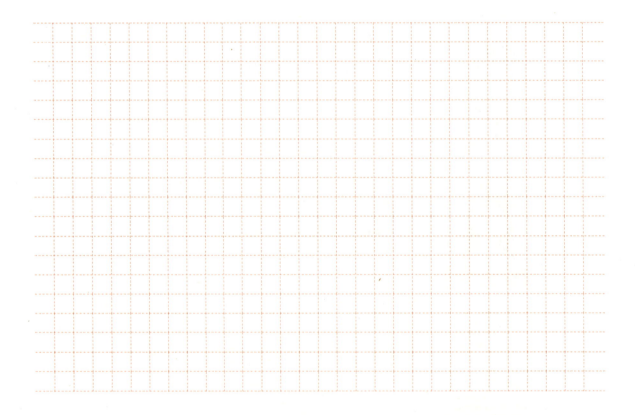

11

第十一课
成长万花筒

高一新生活陌生而多彩，经过一段时间的适应，同学们逐渐进入成长快车道，开启了精彩的每一天。

不一样的成长

 生涯纵横说

毛主席曾说过："情况是在不断地变化，要使自己的思想适应新的情况，就得学习。"虽然进入高中的时间不长，但同学们身上都有自己的变化，你发现了吗？听听同学们怎么说。

高中生不一样的成长

同学 A：要学习的知识越来越丰富，也越来越难。刚开始的无所谓造成了后来成绩跟不上，因为高中的学习需要理解的知识很多，并不能像初中那样，可以在考试之前临时抱佛脚。每天的课程都要求我们必须牢牢地巩固学习内容，而且要温故知新。"每节课，我都要百分之百地投入，老师说的知识重点都要记住，或许老师的某句话就可能成为考试的重点。别人没有记住而你认真记住了，你就可能成为赢家。"这句话是我的一个成绩十分优异的朋友告诉我的，她认为学习最重要的就是课堂效率。除了课堂，课外也要做大量的作业和习题。勤学苦练，熟能生巧。只有通过不断训练和应用，才能把知识点消化并应用自如。

同学 B：我体验了许多人际交往的方法。在高中住校的生活中，难免有时会与宿舍或周围的同学发生摩擦和争吵。每次都需要冷静处理，避免事态恶化。许多事情都是初中时我不曾遇到过的，我感到很棘手，不知道该如何处理。但经历过一些问题之后，我慢慢学会了以双赢的方式妥善处理一些事情。经历过林林总总的锻炼，大到在学生会带头组织活动，小到为身边的朋友处理事情，我都在不断地改进为人处世的方式。相信在随后两年的高中生活中，我的能力会得到更多人的认可和赞赏，我的人际关系也会更上一层楼。

同学C：从高一开始，我便担任班里的纪律委员、心理委员、监操员三职。我在自己的工作岗位上十分勤恳，我的管理能力小有提升。在纪律委员一职上，我的主要工作是严格按照班集体制定的《高一（3）班纪律加减分规定》，给各个小组按表现进行加减分，每周统计一次并公布，然后进行相应的奖惩。这对同学们起到了监督提醒作用。在我的管理之下，我们班的纪律积分几乎没有出现过低分，证明我的管理能力还是相当不错的。因此，我在同学中树立起了威信，当然这都是在对自身，尤其是在人品方面严格要求的前提下实现的。在心理委员一职上，我主要负责班内同学之间的沟通和个别同学的心理疏导。由于我们班的同学待人十分友善，因此同学之间基本上没有出现过太大的矛盾冲突，即使出现也会在第一时间被化解，这样也就无须我出面调解了。于是，我在班内承担起了活跃班级气氛的角色，使每个同学都感受到来自集体和他人的温暖。通过这个工作，我的人际交往能力大幅度提升，在班内也拥有较好的人缘，这使我十分欣慰。在监操员一职上，我负责监督同学们做眼保健操、广播体操以及参加校会的纪律情况。在这方面的管理上，我感到了不小的压力，有些同学似乎不太愿意配合。根据这种情况，我想了很多办法，观看宣传片、带头做操、严格执行制度等。经过努力，同学们做操和参加校会时的纪律情况有了明显改善。通过这一点，我明白了那句老话："井无压力不出油，人无压力轻飘飘。"

思考

1. 这三位同学的成长变化有什么不同？你有哪些成长变化呢？
2. 不同的成长却有相同的规律，这种规律是什么呢？

　生涯智慧谷

　　讨论每个人的成长过程可以使我们看到成长的普遍性与特殊性，而高中生的成长还具有不一样的特点。我们来听听几位生涯指导老师的介绍。

　　高中阶段是人一生中发展的重要时期，这个时期介于少年时期和青年时期之间。高中生的心理发育具有不平衡性、动荡性、自主性、前瞻性、进取性、封闭性和社会性等特点。有些特点发挥得好，可以助力我们成长，而有些特点被放大后可能会对我们的成长产生不良影响

高中生无论是在个人生活的安排上，还是在对人生和社会的看法上，都开始有自己的见解，有自己的活动空间。在这一阶段，高中生的智力发展已接近成熟，抽象逻辑思维正从"经验型"向"理论型"转化。他们的独立性增强，不愿意被父母过多管束。独立是人成熟的重要标志，是我们应当追求的。但高中生要注意将独立和逆反区分开来，努力克服逆反心理，虚心听取父母和老师的意见

一些高中生可能会对现实和社会产生不满情绪。一方面，高中生处于理想主义阶段，对社会和人生的期望带着强烈的理想主义色彩，而现实社会中客观存在的种种弊端，容易让他们产生不满，甚至愤怒或绝望。另一方面，一些高中生对事物的看法存在片面性和表面性，对现实社会的看法往往失之偏颇。因此，我们要学会全面辩证地看待问题和认识世界，让积极因素带给我们乐观的情绪，让消极因素成为刺激我们奋斗的动力

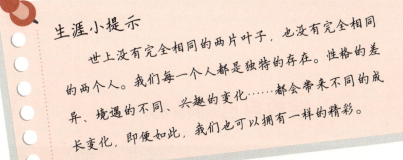

生涯小提示

世上没有完全相同的两片叶子，也没有完全相同的两个人。我们每一个人都是独特的存在。性格的差异、境遇的不同、兴趣的变化……都会带来不同的成长变化，即便如此，我们也可以拥有一样的精彩。

 生涯实践地

1. 以"不一样的成长"为主题组织一次讨论会，每位同学都可以围绕这个主题自拟题目表达自己对主题的认识和理解。

2. 选择你认为成长变化最明显的两名同学，对他们进行一次成长访谈，听听他们的心声。然后联系自己的实际谈谈他们的成长对你有哪些启发。

	访谈对象	问题一	问题二	我的思考
1				
2				

绽放自己的精彩

 生涯纵横说

小林的学习困惑　　小林从小就是一名乖巧听话的孩子，学业成绩一直不错。一年前，他进入自己梦想的高中就读，心中充满自豪，并下定决心要继续努力。他怀揣着大学梦想，放弃了喜爱的篮球，放弃了从小就一直练习的吉他，全力以赴地学习，希望自己能成为班上最优秀的学生。

日子一天天过去，小林发现，一切并没有按照他的预想实现。无论他怎么努力，成绩都不能进入前十名，还眼看着一些原本成绩比他差的同学陆续超过了他。于是，他开始怀疑自己的学习能力，开始相信学习天赋论，甚至开始失眠、厌学。

　　无奈之下，他只好找朋友倾诉。为什么会这样？到底是什么原因使他总比别人差？同学们，你们能帮他分析一下，并给他支招吗？

1. 小林在学习中的哪些方面与他的期待不一致？
2. 如果你是小林，你将会如何调整自己，收获属于自己的精彩？

生涯智慧谷

　　想要收获自己的精彩，成为一名优秀的高中生，我们需要具备发展自己的相关素质和能力。那我们应该如何提升自我呢？下面我们一起听听几位优秀学长的建议。

我们要做精彩的自己，而不是去做别人眼中的自己，不要总是为了迎合别人而失去自我

我们一定要彰显自己的特长，并做到与众不同。虽然高中生活很忙，但我们还是要根据自己的兴趣爱好，充分发展自己的个性，提升各方面的能力，并不断发展自己的特长，一有机会就要勇于展现，这有利于增强自信

我们要坚信自己能够实现自我价值。香港大学有一位员工，她一直在食堂工作，却被香港大学授予"院士"称号。这说明并不是能力强的人才能实现价值，即使能力普通的人也能获得属于自己的精彩

立大志，做小事。做好一件件小事，就是实现了自己当前的价值，也就实现了自己能力的提升

生涯小提示

太喜欢与别人对比，只会伤害自己。一旦你拿自己的弱点与别人的优点对比，结果只会是发现自己一无是处。只有清楚地认识自己，定位准确，充分发挥自己的优势并弥补自己的不足，我们才能收获自己的精彩。

生涯实践地

1. "你站在桥上看风景，看风景的人在楼上看你。"有时候，你身上所拥有的也可能是别人羡慕的。和你的好朋友做一次深度交流，或者请他对你，特别是你最近的表现做一次评价，看看朋友眼中的你有哪些精彩。

2. 小杨在学习成绩方面不是很优秀，尤其是数学。为了提高学习成绩，他花了大量时间和精力，但起色不大。而当他踏上球场时，却以出众的身体素质和运动技能赢得了无数掌声。小张从小就开始进行歌唱训练，进入高中后，有好几次演唱的机会，她都觉得会影响学习而放弃了。

（1）你从小杨和小张的故事中受到了什么启发？

（2）你在哪些方面比较擅长或突出？你有没有忽视自己在这些方面的发挥？

12

第十二课
在选择中成长

有人说:"教育就是最好的投资。"高一生活即将落下帷幕,细想自己在这一学年的点点滴滴,犹如翻看一张成长"存单"。你给自己的成长投资了多少?你的成长"存单"是什么样的?

我的成长"存单"

 生涯纵横说

人生总有选择,选择总有风险。人总爱选择,也总爱后悔。对人生之路进行选择,是每个人必做的"选择题"。这道选择题没有标准答案,每一次选择答对或答错都将给你带来成长。

高一,我学会了选择　　我叫王毅,高一的学习和生活对于我来说是一个不小的挑战,每天早上醒来迎接我的不是阳光和鲜花,而是各式各样的问题。这些问题有大有小,但困扰我最深的是不知道如何选择,时刻担忧"一步错步步错"的事情发生在自己身上。

随着生涯课程的深入、老师的引导以及无数的选择实践,我学会了恰当选择,不再对选择感到恐惧,并意识到每一次选择都是一次成长。无论选择做得是否正确,它都将带来不一样的收获和体验。

在高一阶段,我掌握了一些选择方法,并将其运用到实际生活和学习中,加快了自身的成长和进步。

面对选科,我结合自身的学科优势,参考各种数据分析,确定了自己两年后要报考的院校和专业,然后通过分析各种选科组合的优劣势,经过多次反复调整,确认了自己的高考选科组合。就我当前的学习情况和状态来看,我认为这是自己做过的最正确的决定。

面对学业,我盲目过、焦虑过,也曾想过放弃,但我最终选择坚持下去,因为在选择"放弃"的一刹那，我似乎看到了未来懊悔、苦恼的自己。

在无数次挣扎和焦虑中，我鼓起勇气，学会了与选择交流、对话，学会了倾听自己内心的声音。做每一次选择时我都会想象一下未来的自己，并做好分析和权衡。我不能保证自己的每一次选择都是对的，但我绝不后悔！

选择是一个恒久的命题，在高一经历的所有选择都会让我未来的每一步走得稳健、更扎实，而我也不必畏惧未来的每个选择，因为路是人走出来，只要我们踏出第一步，就能拨云见日。

思考

1. 你在高一阶段经历过哪些选择？这些选择带给你哪些收获？
2. 你在高一阶段的选择对你的成长有什么帮助？
3. 进入高二后，你会对"选择"说些什么？

 生涯智慧谷

恰当的选择可以让我们心情愉悦，如鱼得水；不当的选择会让我们举步维艰，后悔不已。我们不敢保证自己的每一次选择都绝对正确，但那些让我们后悔的不当选择又能带给我们什么呢？下面我们听听生涯导师是怎么说的。

我们每天都在经历选择，选择有大有小，有重要的也有不重要的，有单选也有多选。总有一些选择会让我们觉得后悔，这很正常。面对后悔，我们要学会两种思维。

第一种是懂得"鱼和熊掌不可兼得"的道理。选择也意味着放弃，我们要用平和的心态去面对自己放弃的东西。

第二种是总结教训，更好地面对下一次选择。人的一辈子会有很多次选择，只要有选择，再晚也不算迟。我们可以把一次不当的选择当成一次失败的操练，大不了从头再来。

从这个角度讲，无论什么样的选择，对于我们来说都是一种成长

生涯小提示
我们真正要学会的是总结过去的经验和教训，以便在未来做选择时能够更加理性、更加科学。

 生涯实践地

假设这里有一台时光穿梭机，能带我们回到过去。回忆一下你曾经做过的令你后悔的选择，并说出你做出了什么样的选择及其带来的后果。如果能回到过去，重现当时的情景，你会如何选择？遗憾的是，世界上并没有能带我们回到过去的时光穿梭机，更没有后悔药。"好记性不如烂笔头"，把你想到的经验和教训写下来，为自己的成长"存单"增加一笔财富吧！

经验	教训

规划与成长

 生涯纵横说

高一生活是一段充满挑战的人生旅程。走过一条河，越过一座山，看过一本书，经历一次困难，每一种经历都会使人有所成长。但人生不是简单的一加一，而是像建房子一样需要为自己搭建"骨架"，进行细节的规划和布局。《礼记·中庸》写道："凡事预则立，不预则废。"这句话的意思是做任何事都要事先有准备、有计划，否则很容易失败。所以，我们的计划一定要与个人生涯以及社会发展结合起来，这样才能做好规划，点亮未来！

我叫陈思，升入高中前，我的学习成绩还算可以，但不是拔尖的。开学后，面对新同学、新老师，以及新的课程和难题，我曾经对高中的所有幻想逐步破灭。这还不算最严重的，最严重的是我花了大量时间去适应学习和生活，但效果都不明显。直到我在生涯课上掌握了分析现状、制定目标和规划内容的科学方法，为自己拟订了一份高一学年规划清单，从各科的学习、社会实践活动以及体育锻炼等方面入手，罗列出每周的学习重点、时间和学习内容安排以及要达成的目标等内容，并结合自身时间和目标期待进行规划和执行，才取得了显著进步。比如，我在选科结束后，特别制订了一份针对我的弱势学科物理的学习周计划。

物理学习周计划

学科名称	学习重点	时间和学习内容安排	达成目标
物理	牛顿第二定律	周日（19：00—20：00）：预习本节课的基础知识	提前了解知识内容，形成记忆点
		周一：物理课程学习；晚自习期间对所学知识内容进行复习和巩固	在课上掌握理论知识，与同桌互相提问，巩固知识点
		周二：下午休息；练习物理基础知识常规题型	练习题准确率保持在 75% 以上
		周三：物理课程学习；晚自习期间对所学知识内容进行复习和巩固	完成本单元学习，并将前后课程内容进行统一复习和归纳总结
		周四：早自习统一复习本课程内容，并拉通记忆	系统复习整个课程，并进行拉通记忆（形成知识结构图，便于复习）
		周五：晚自习练习试题，完成单元测试	结合理论知识进行实践操作，测试准确率达到 80% 以上

与此同时，我在课程进度和学科学习的安排之外，还为自己增加了社会实践项目的学习，规定自己每周必须参加社团组织的英语沙龙和篮球活动，并将每次活动纳入自己的整体学习规划中。

随着各项计划的执行，我的学习和生活逐渐进入状态，学习成绩稳步提升。在这一年里，我不仅交了许多朋友，还担任了班级的学习委员，帮助不少同学制订了学习计划，和他们一起参加英语沙龙、辩论赛，度过了愉快的高一。

通过这一年的学习，我明白了规划对于个人成长的意义。如果没有规划，一切都会像散沙一样，永远无法建成金字塔。但是，制订规划只是我们成长的一环，我们还必须按照规划切实执行。如果一切只停留在规划层面，那梦想只能成为空想。

思考

1. 你在高一阶段制订了哪些规划？
2. 你认为规划对自己最大的帮助是什么？
3. 你掌握了哪些科学规划的方法？

生涯智慧谷

高一阶段快要结束了，让我们带着对高二的期望，开展一个"漂流瓶"活动吧。

请同学们根据自身情况，为自己绘制一张高二阶段的梦想（目标）蓝图，并制订一份梦想规划清单，签上自己的名字。然后将绘制好的梦想蓝图放进"漂流瓶"，完成后将"漂流瓶"装入"梦想收纳袋"。最后，每位同学上台随机抽取一个"漂流瓶"，并担当其"守护者"。

活动提示：

第一，每位同学都要复制一份自己的梦想规划清单，并保存至高二开学。

第二，请勿私下打开交换后的"漂流瓶"，必须等到高二开学时统一打开。

第三，高二开学后，大家一起打开"漂流瓶"，然后两人一组，相互监督执行清单中的计划，完成既定目标。

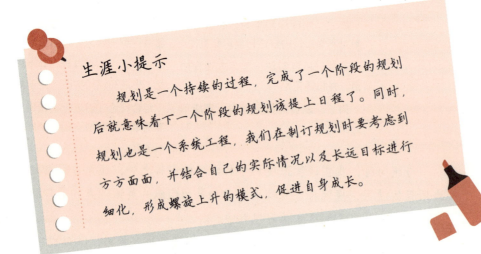

生涯小提示

规划是一个持续的过程，完成了一个阶段的规划后就意味着下一个阶段的规划该提上日程了。同时，规划也是一个系统工程，我们在制订规划时要考虑到方方面面，并结合自己的实际情况以及长远目标进行细化，形成螺旋上升的模式，促进自身成长。

生涯实践地

用科学的方法指导规划可以让我们的规划更有效。通过一学期的学习，你掌握了哪些方法？实施的效果怎么样？还可以做出哪些调整？通过下面的表格来反思一下吧。

我的规划	实施效果	反思调整

管理与成长

 生涯纵横说

每一个人都渴望成功，渴望实现梦想，但最后真正能实现自己目标的往往只有少数人。很多人虽然有勤奋的努力和对目标的赤诚，但由于对生活和自己缺乏管理意识，总是在付出很多之后收获却很少。而有些人由于能够进行科学有效的自我管理，往往在付出努力之后便能得到应有的收获，因此，成功往往属于善于管理自己的人。

管理与成长　　　　大家好，我叫李子。这是我第一次远离父母独自一个人住校生活。说实话，刚来到这所高中时我很不适应，觉得食堂的饭菜不好吃，宿舍破旧，教室没有空调，同学不好相处……我感觉这里的一切都不如意。上课时，老师讲的内容我根本听不进去，原本成绩还算可以的我，几次考试的成绩都一塌糊涂。在这里，我没有朋友，也不愿意和同学相处，班主任找我谈话，我都一声不吭，让她唱"独角戏"。每次和爸妈打电话，我总是质问他们为什么把我送到这所学校，希望周末早点回家。但是回家以后，我一想起在学校的各种不如意就会大发脾气。开学三周后，我的负性情绪达到了顶点，同学之间一点小事情都会触碰我的"逆鳞"，脾气差成了我的"代名词"。开学第五周，我已经产生了退学的念头，不愿意去上课，也不愿意与他人接触……开学第六周，学校安排了一位生涯指导老师跟我谈心。经过生涯管理课程的学习和系统的情绪疏导，我尝试和自己对话，找到了产生负性情绪的根源，逐渐建立起自信，并能够很好地管理自己的情绪。

不仅如此，我还掌握了时间管理、学业管理、生活管理等方面的技巧，这让我的学习和生活更有条理性和方向性。做好了自我管理，我自然就跟负性情绪说再见了。

 生涯智慧谷

近一年来，相信大家一定都经历过情绪波动。积极情绪会让我们精神百倍，对未来充满希望，对挑战充满斗志；消极情绪会让我们精神恍惚，学习效率下降，甚至导致身体状态变差。

人与人不一样，需要加强管理的方面也会不同。在这一年里，你对哪个方面的管理特别重视？效果怎么样？未来还可以做出什么改进？

管理监督人	
重点管理内容	
管理效果	
改进意见	

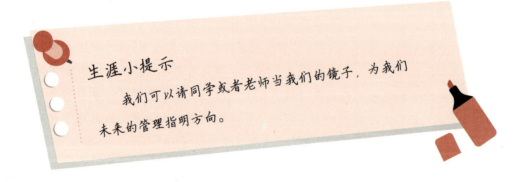

生涯小提示

我们可以请同学或者老师当我们的镜子，为我们未来的管理指明方向。

生涯实践地

　　人生是一张大大的"存单"，我们收获了什么？我们付出了什么？都可以在这张"存单"中找到痕迹。相信同学们心里已经有了一份高一阶段的"管理手账"。下面请大家结合管理的六个方面，回忆并记录一下自己在高一阶段的管理成长。

我的管理手账

项目	付出	收获
目标管理		
时间管理		
动力和压力管理		
情绪管理		
生活管理		
人际关系管理		

寒来暑往，秋收冬藏。转眼间高一的学习和生活已接近尾声。回首过去的一年，我们在生涯选择、生涯规划、生涯管理等方面收获了成长。这些成长贯穿我们学习和生活的各个方面，将在我们的人生中留下不可磨灭的印记。除此之外，我们还掌握了很多选择、规划、管理的技巧。我们的心智更加成熟，我们的经验更加丰富，我们变得更加坚强和自信。

　　高一的结束代表着新征程即将到来，我们曾经经历的、收获的都将充盈着人生的每一段旅程，让我们一起点亮未来之路，迎接最好、最美的年华！